Sob a Luz da Verdade

Oneida Terra
ditado por Victor Hugo

5ª edição

1ª edição: Agosto de 2000

Dados Internacionais de Catalogação na Publicação (CIP)
(Câmara Brasileira do Livro, SP, Brasil)

Hugo, Victor, 1802-1885. (Espírito) .
Sob a luz da verdade / pelo espírito Victor Hugo ; [psicografado por] Oneida Terra. -- Catanduva, SP : Boa Nova Editora, 2000.

ISBN 85-86470-08-2

1. Espiritismo 2. Psicografia 3. Romance brasileiro I. Terra, Oneida. II. Título.

00-2205 CDD-133.93

Índices para catálogo sistemático:
1. Romances Mediúnicos : Espiritismo 133.93

Impresso no Brasil/*Presita en Brazilo*

Oneida Terra
ditado por Victor Hugo

Sob a Luz da Verdade

boanova

Instituto Beneficente Boa Nova
Entidade coligada à Sociedade Espírita Boa Nova
Av. Porto Ferreira, 1.031 | Caixa Postal 143
Catanduva/SP | CEP 15809-020
www.boanova.net | boanova@boanova.net
Fone: (17) 3521-2400

5ª edição
Do 29º ao 31º milheiro
3.000 exemplares
Dezembro/2004

Capa
Direção de arte
Francisco do Espírito Santo Neto
Designer
Cristina Fanhani Meira

Revisão
Júlia Nogueira Neves

Editoração eletrônica
feita a partir da digitação
da própria médium por
Cristina Fanhani Meira

O produto da venda desta obra é
destinado à manutenção das atividades
assistenciais da Pousada de Francisco, de
Barra do Piraí, RJ, e da Sociedade
Espírita Boa Nova, de Catanduva, SP.

1ª edição: Agosto de 2000

Sumário

Apresentação

Como médium, sempre tive a cautela de jamais escrever isto ou aquilo sem antes observar se, realmente, estava sob o influxo da intuição dos Amigos Espirituais que dirigem a tarefa espírita em nossa Casa – a Boa Nova. Portanto, ao receber o convite para prefaciar este livro, lembrei-me das palavras de nosso instrutor Hammed: "O todo de uma criação depende da parte de cada um. Nós existimos independentes e interdependentes, jamais sozinhos. Um trabalho jamais é finalizado sem algumas modificações".

"Sob a Luz da Verdade" é uma obra que reflete com fidelidade o que acontece na sociedade terrena; mostra-nos de forma eficiente como despertar a consciência para uma vida plena de crescimento e de realizações, nesta época importante em que vivemos – a Era Nova –, aurora de um período renovado predito pelos Espíritos Superiores em "O Evangelho Segundo o Espiritismo".

Este romance é uma espécie de peregrinação em solo sagrado, que nos envolve no passo a passo de sua história. Ao lê-lo, começamos a aprender a nos despojar de fardos desnecessários, de bagagens árduas, como traumas, repressões, inseguranças e autopiedade

– pendências possivelmente relacionadas ao passado distante.

Suas páginas enaltecem a excelência das vidas sucessivas, a essência da existência humana, transformando em ensinamentos-curativos os nossos inexplicáveis "vazios do coração". Trazem uma coletânea das mais diversas problemáticas existenciais, todas retiradas de fatos autênticos – uma coleção de inúmeros depoimentos tão distintos uns dos outros, qual ocorre no cotidiano da comunidade humana.

No transcorrer de sua leitura, conseguimos perceber, na aparente simplicidade da escrita, a grandiosidade de seus ensinos, assim como sua forma encantadora de "porta aberta" para a renovação íntima.

"Sob a Luz da Verdade" é o resultado da união da mente/mãos operosas entre o espírito iluminado de Victor Hugo e da dedicada médium na Causa do Bem, Oneida Terra. Ambos trabalharam uníssonos na psicografia, abordando temas como a problemática das paixões humanas, das aversões afetivas, dos afetos não correspondidos, além do significado luminoso do Amor na cura desses desajustes interiores, todos vistos pelo prisma da reencarnação.

Esse romance é um estudo da dor extrema e também da suprema alegria de viver. Ajuda-nos, para que possamos realmente ajudar as pessoas; fala-nos da necessidade de perdoarmos a nós mesmos, para que saibamos perdoar aos outros.

Incentiva-nos, por fim, a tomar posse do que é verdadeiramente nosso: "a bênção do recomeço" – um dos tesouros de nossa Paternidade Divina, lei natural, por meio da qual aprendemos cada vez mais transitar pelas experiências da vida imortal, com a mente e o coração pacificados.

Catanduva, 3 de março de 2000
Francisco do Espírito Santo Neto

Introdução

"Você é um tempo grande, grande..."
Negro Ignácio

Leitor,

Há muito e muito tempo atrás, Xariar, Sultão de todas as Índias, desencantou-se com as mulheres. Traído por sua esposa, desacreditou da fidelidade feminina e decidiu: todos os dias, seu Grão-Vizir devia apresentar-lhe uma virgem, que seria a sua noiva. Após a noite de núpcias, logo ao amanhecer, o Sultão mandava matá-la. E casava-se de novo.

O reino ficou muito assustado e todos temiam. Então, Xerazade, filha do Grão-Vizir, decide apresentar-se, voluntariamente, como noiva.

Após a noite de amor, Xerazade pede ao Sultão permitir que sua irmã, Dinerzade, durma próxima a ela, sob o pretexto de que seria a última noite que passariam juntas. Obtida a permissão, Dinerzade se acomoda no quarto real e, segundo a orientação da irmã, acorda-a uma hora antes do nascer do sol, solicitando-lhe que conte uma de suas histórias.

Sob nova aquiescência do Sultão, Xerazade começa a narrar.

Percebendo que o dia já nascia, e que o marido deveria levantar-se para as orações e os afazeres, suspende a narrativa no momento de maior suspense. A irmã comenta quão maravilhosa era a história e Xerazade lhe diz ainda seria mais interessante o que aconteceria depois. Se o Sultão lhe permitisse mais uma noite, ela poderia terminar o relato.

Xariar, curioso, deixa que a esposa viva mais um dia. Na noite seguinte, a Sultana termina a narrativa e dela extrai outra história, que interrompe no momento de maior emoção, quando o dia já raiava. E ganha mais um dia de vida, para que a noite possa trazer o desfecho (e nova história).

Ao fim de mil e uma noites, o Sultão reconhece-se cativado pela esposa e revoga a lei cruel que havia imposto.

Recorrendo à Memória, através da palavra, Xerazade salvara a si mesma, às mulheres do reino e ao próprio Sultão.

Encadeando um relato ao outro, ao mesmo tempo satisfaz a curiosidade e desperta o desejo. Ganha mais um dia de vida, adiando também a morte das futuras noivas. Dia após dia, as histórias alongam o tempo que permite a convivência, o estabelecimento de vínculos, o amor. A trama narrada envolve o coração ferido. Xerazade transforma o poder e derrota a morte.

Narrar para não morrer, ensinam-nos as "Mil e uma noites".

Narrar liga-se à Memória, no grego *Mnemosyne*, deusa filha do Céu e da Terra, irmã do Tempo e do Oceano. A Memória é a mãe das Musas, responsáveis pela inspiração nas Artes.

É ela, a Memória, o grande tema dessa obra que Victor Hugo nos apresenta. Como o Sultão, sua personagem Letícia vive traumas que bloqueiam sua capacidade de amar. A dor que a atinge vai ter raízes no passado, nas vivências ocultas pelo reencarne. Ao acessá-las, na regressão espontânea da memória, recupera os registros, torna-se capaz de narrar sua própria história e está apta a refazer caminhos.

Quais as narrativas de Xerazade, as lembranças se encaixam

umas às outras. É, igualmente, a memória revisitada que esclarece Mariana quanto à orfandade, às lutas difíceis e ao amor impossível. Também explica a antipatia de Natalino por Rosália e a afinidade de Camuca e Letícia. A cada acesso, novo relato se produz, outra narrativa se desenrola no palco dos milênios. Talvez por isso, o médico Amélio Vaz Serra, como um *alter ego* do autor, queira se dedicar a escrever histórias.

Quanto à forma, a memória também está insinuada ali. A voz do narrador está, aparentemente, colocada em terceira pessoa, mas aproxima-se da narrativa através de pequenas insinuações, principalmente na primeira parte. No oitavo capítulo, o narrador refere-se a Letícia como "<u>nossa</u> jovem", mesmo tratamento que lhe dispensa Vaz Serra; no décimo capítulo, o narrador diz: "A percuciência de <u>minha</u> amiga Rosália...".

A presença da primeira pessoa, ainda que discreta, denuncia o relato de uma história da qual o narrador participou. Se não como protagonista, como personagem secundário que observou os dramas desenrolados.

Tais como os relatos de "Mil e uma noites", as personagens estão ligadas entre si e de suas lembranças se extraem as narrativas pessoais. Narram não porque temam a morte, interrupção da existência terrena, mas porque lutam para desfazer estados mórbidos. Da mesma forma que Xerazade, a palavra, gerada pela Memória, é o caminho que vislumbram.

Victor Hugo sabe da importância do narrar. Escritor renomado, ainda hoje, nos círculos literários, teve grande destaque durante a escola conhecida como Romantismo. Seu estilo, grandiloqüente, pode ser detectado na influência que dele recebeu Castro Alves, nosso Poeta dos Escravos.

Que não se procure, porém, nesta obra, esta grandiloqüência. Victor Hugo é, hoje, um escritor que teve outras experiências, escreve sob novas circunstâncias e em um novo tempo, para outros leitores.

Ainda assim, as descrições de Eduardo e, principalmente, de Letícia, alguns ambientes, a forma como a natureza aparece no relato e a presença de uma adjetivação intensa remetem a traços românticos. Como Vaz Serra, talvez Victor Hugo seja "um romântico incorrigível".

Que a Memória lhe inspire sempre a boa palavra!

Júnia Nogueira Neves

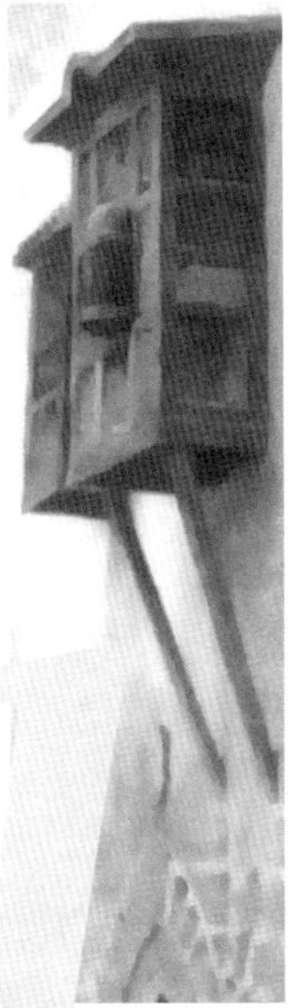

1ª Parte

CAPÍTULO 1

Incógnita

A luz clara do sol da tarde transpunha as cortinas leves. Reflexos se esparramavam por toda a sala. O frescor das margaridas, delicadamente arranjadas, era o toque mágico a desencadear belezas.

Eduardo e Letícia, há algum tempo, conversavam.

– Como não entende, Eduardo? Estou sendo sincera. Não gosto quando você me abraça desse jeito.

– Eu a abraço com imenso amor. Não sente assim, Letícia?

A jovem remexeu nos cabelos macios, deu alguns passos, respirou fundo.

– Lamento lhe dizer que não sinto tanto o seu amor, mas percebo o seu grande desejo, essa sua vontade constante de afagos.

O jovem olhou-a longamente. Tristeza configurando-lhe o semblante amoroso.

– Há muito precisamos conversar. Assumi esse namoro com você e o fiz com o máximo respeito. Será que nada lhe transmiti de meus sentimentos? Há quase um ano estamos próximos!

– Eu percebo os seus sentimentos, mas os seus desejos me incomodam muito. Será que a todo momento precisamos estar um nos braços do outro? Para que tantas carícias e beijos?

– Mas nos amamos, meu bem! Lembro-me de seus olhares cheios de encanto desde a adolescência. Somos jovens, saudáveis... Que mal poderia existir nessa troca de afeto?

– Parece-me que a verdadeira troca de afeto só existe entre amigos.

– Que tolice, Letícia, que tolice!

– Não, não é tolice, não! Já analisou bem o comportamento de pais e filhos? Exigências, imposições, dependências... E marido e mulher agem da mesma maneira! Interesses, enormes interesses aproximam homens e mulheres!

– Falemos do amor, Letícia! Quantos se amam e, no afeto que os une, encontram forças para as lutas de cada dia? Compartilhar é importante. Quem se recusa a conviver, fugindo de realizações boas extensivas ao outro, é muito egoísta.

– Lamento, Eduardo, não penso assim...

– Prefere que eu me afaste? Quer o fim de nossa proximidade?

– Não, não é essa a minha vontade. Quero estar ao seu lado, conversar, rir, mas controle os seus desejos.

– Eu a respeito. Gosto de carinho, sim, mas a respeito muito. Temos conversado, assistido a bons filmes, a boas peças de teatro. Ajudo-a nos seus estudos. Aceito sugestões em meus trabalhos. Não há exagero nas trocas que anseio ao seu lado.

– Você seria capaz de ficar um mês sem me abraçar? Sem querer me beijar?

– Se fosse necessário, eu o faria com tranqüilidade.

Eduardo se aproximou. Tocou-lhe os cabelos, as faces. A jovem se retraiu.

– Não insista, eu lhe peço.

O jovem estava abstraído. Olhava-a cheio de encanto.

– Eu a amo com inigualável carinho. Os seus cabelos são macios, sedosos. Olhos lindos, assustados. Boca saudável.

– Pare, pare! Sua insistência me deprime.

O tom de Letícia não deixava dúvidas. Ele, no entanto, ignorou a sua relutância.

– Mostre-me a impureza de meus anseios. Quero a mulher que amo. Sinto-me disposto a lutar ao seu lado. Crescer, me aprimorar. A busca por essa proximidade não exclui responsabilidades. Quem lhe disse que desejo é pecado? Nunca cobicei outras mulheres. Todo o meu carinho é dedicado a você. Devemos discernir quanto a tudo o que fazemos, mas satisfazer desejos sadios, em nosso estágio evolutivo, é normal.

Ele segurou as mãos frias de Letícia e as beijou.

– Pare, já lhe pedi! Pare! Não insista! Não quero os seus afagos!

– Não, Letícia, não vou parar. Qual a razão para os seus temores? Jamais a desrespeitarei! Abraços e beijos? Se apenas abraços e beijos posso ter, contento-me com eles. O abraço já me reconforta e faz feliz. Nada além de abraços e beijos, meu bem.

Os braços fortes de Eduardo forçaram-na e os lábios, ávidos de afeto, comprimiram os seus.

A jovem se debateu. Nenhuma reação ao carinho que lhe era oferecido. Com dificuldade, livrando-se do abraço que a angustiava, deu-lhe estentórica bofetada. Sob uma ira incontrolável, atirou o vaso ao chão, pisou nas flores e chorou convulsivamente.

Eduardo nunca fora tão contundente. Naqueles meses, mostrava-se paciente, amigo, esforçado. Evitava magoá-la e, muitas vezes, limitava-se a segurar-lhe as mãos, beijando-a nas faces.

– Saia, saia daqui! Você é um canalha e eu o odeio!

– Letícia, pense bem. Não existe a menor razão para isso, pense, por favor! Amo-a! Amo-a profundamente!

– Não me ama! Você me deseja! Não suporto os seus desejos! Saia, saia! Ultrajar-me não lhe é permitido!

Os gritos foram ouvidos na outra sala e Carmem, mãe da nossa jovem, viera às pressas.

– O que foi, minha filha?

– Tire-o daqui, mamãe! Tire-o daqui! Ele quer me fazer mal!

– Eduardo, o que você lhe fez?

– Nada, absolutamente, nada!

– Ele me maltratou, mamãe! Impôs a sua vontade! Agiu rudemente! Tire-o daqui, eu lhe peço!

– Abraçar e beijar é ofensa, dona Carmem?

– Vá embora, não quero vê-lo mais!

– Calma, minha filha, calma!

– Não quero constrangê-las. Estarei na minha casa. Se precisarem de alguma coisa... Com licença.

– Não precisaremos de nada! Vá embora! Vá embora e não volte mais!

– Obrigada, Eduardo. Falaremos mais tarde.

– A senhora ainda o trata bem? Ele não merece a sua consideração. É um crápula!

– Eu a desconheço, Letícia. Sempre afirmou amá-lo. Por inúmeras vezes, eu a ouvi destacando as qualidades de Eduardo. E, por tudo que sei desse jovem, poucos se igualam a ele. Conte-me o que aconteceu. Por que reagiu dessa maneira? A educação que ele sempre nos ofereceu leva-me a pensar que você exagerou.

– Gosto de carinho, mamãe. Luxúria é abominável!

– Luxúria? Que exagero, minha filha!

– E o que seria essa mania de ficar beijando, abraçando sem parar?

– A maior parte do tempo em que os vi juntos não foi assim. Eduardo se interessa por nós. É atencioso com o seu pai, com os seus irmãos. Convive bastante conosco.

– Não pretendo vê-lo, mamãe. Nunca mais!

– Vai terminar o namoro por que ele a beijou?

Uma sombra de preocupação passou pelas faces de Carmem Santoro.

– Cessemos esta conversa. Preciso deitar. Minha cabeça dói muito.

– Quer um chá?

– Não, não preciso de nada. Tentarei dormir.

A jovem encaminhou-se para o quarto. O olhar assustado da mãe a acompanhou.

Um tempo mais tarde, Augusto Santoro chegava.

– Esta casa está muito silenciosa. Aconteceu alguma coisa? Otávio e Renata saíram? E Letícia?

– Augusto, uma pergunta de cada vez. Otávio e Renata foram ao clube com os amigos. Letícia está no seu quarto.

– E Eduardo? Alguma coisa entre eles?

– Na verdade, não sei ao certo o que houve. Letícia desentendeu-se com ele por ter-se recusado a aceitar os seus carinhos.

– Carinhos? Mas que espécie de carinhos? Será que ele a desrespeitou?

– Não, não creio. Ele é educado, consciente e nos quer muito bem.

– E como entender, Carmem?

– Fiquei pensando na reação de nossa filha. Ela foi precipitada, agressiva, muito estranha. Gritou, esbofeteou-o, jogou o vaso no chão e pisou nas flores.

– Reagiu dessa maneira? Agressiva a esse ponto? Estranho, Carmem, ela nunca fez isso.

– Eu sei. Mas Eduardo é o seu primeiro namorado. Ela sempre esteve afastada dos rapazes, lembra-se? Não admitia a menor alusão nesse sentido.

– Seria conseqüência da maneira como os educamos?

– Renata e Otávio são alegres, comunicativos, namoram e se dão bem com os seus eleitos, Augusto.

– E o que poderíamos fazer para ajudá-la?

– Pensei em conversar com Eduardo antes de qualquer decisão. O que acha?

– Talvez ele possa nos esclarecer melhor. Faça isso, Carmem.

– Você gostaria de participar dessa conversa?

– Não me parece de bom alvitre. Talvez ele se inibisse comigo. Fale com ele. Se for necessária a minha participação, estarei presente.

2 Lembranças

CAPÍTULO

Eduardo se esforçava para estar atento ao trânsito que se fazia intenso àquelas horas da manhã. A bofetada de Letícia doía-lhe ainda muito mais no coração. Lembrava-se da primeira vez que a vira. Adolescente delicada, gestos meigos, diferente da maior parte das jovens que se esforçavam por uma modernidade nem sempre bela. À hora do recreio, estudantes em níveis diferentes, olharam-se de forma decisiva. Intuíram que um longo caminho lhes estava destinado. Ele tentara aproximação.

– Sozinha?

– Espero minha irmã Renata.

– Renata Santoro?

– Como sabe o nome de minha irmã?

Ele riu por entre as faces bem delineadas. Simpatia expressa no rosto bonito.

– Eu não sei. Mas meu irmão tem uma amiga que estuda aqui e ela se chama Renata Santoro. Eu sou Eduardo.

– Engraçado, nunca o vi antes.

– Nossos horários não são os mesmos. Sou mais velho do que você. Estou no último ano do segundo grau e você nem o começou.

– Tenho apenas quatorze anos.

– Eu, dezoito. Idade do juízo.

O sinal indicava o fim do tempo livre. Letícia se movimentou rápido, mal lhe dando tempo para algumas palavras.

– Preciso ir. Prazer, prazer em conhecê-lo.

– Espere, espere, há tempo ainda. Nem me falou o seu nome.

Inúteis as palavras. Ela desaparecera pelas portas enormes do Educandário.

Ele ficou encantado, abstraído, feliz. Uma voz o fez sobressaltar-se.

– E então, como foi a sua prova?

– Prova?!

– Eduardo, não acabamos de fazer prova de Física?

– Ah! Sim! Claro, a prova!

– Aconteceu alguma coisa? Você está diferente. Parece fora do ar.

Ele tentou disfarçar.

– A prova me deixou desse jeito, Maurício.

– Não acredito! Você é o melhor em Física. Por que ficaria distante, pálido, ausente?

– Pálido? Ausente? Bobagens!

– Sim, pálido. Não quer desabafar? Sou seu amigo.

Maurício era extrovertido, conversador nato, bom camarada.

– Preciso de silêncio, por favor.

Olharam-se com certa graça.

– Isso não lhe posso dar. Sou falante por natureza. Mas, tudo bem, eu o deixo. Vejo você mais tarde?

– Com certeza. À noite, nós nos encontraremos.

Maurício caminhou pensativo. Conhecia Eduardo desde o curso primário. Admirava-lhe a franqueza rara. A honestidade ímpar. Filho de pais abastados, nunca diminuíra ninguém, com todos estabelecia camaradagem sincera. Os ares abstraídos de Eduardo não eram comuns. Tentou não pensar demais. Tinha coisas a fazer.

O jovem Eduardo recolheu o seu material e caminhou para a

Biblioteca. Nem percebeu o percurso que fizera. A voz da secretária o despertou.

– Mais pesquisas? Você não pára de estudar, Eduardo?

– Mariana! Você me assustou.

– Assustei!? Falei baixo!

– Desculpe, desculpe, não se incomode.

– Você não está bem?

– Estou muito bem, fique tranqüila.

– Iremos à festa da Cláudia? Você prometeu me acompanhar, lembra-se?

– Eu não ia esquecer. Irei com você, Mariana.

Mariana tinha sérias intenções em relação ao jovem Eduardo e não lhe disfarçava a simpatia. Há um bom tempo o cortejava. O jovem mostrava-se educado, mas nunca lhe dera maiores esperanças.

– Quer algum livro?

– Não, não. Tenho estudado bastante. Hoje preciso descansar um pouco a cabeça.

– Será que o mundo vai desabar? Você, distante dos livros, é inédito, Eduardo!

– Vou prestar o vestibular e o farei naturalmente. Não estudarei em dezembro.

– Nem precisa. Eu só o vejo estudando.

– Não exagere. Sei me divertir também. Estudar, no meu caso, é uma opção de amor.

Ela riu.

– Faça outras opções de amor. Existem coisas boas além dos livros. Namorar, por exemplo.

Ele meneou a cabeça, riu meigamente.

– Você merece um bom companheiro. É dedicada, amiga, simpática.

– Hum... esses ares de amizade não me agradam. Preferiria ouvir que sou atraente, irresistível, exótica.

– Prefere a mentira? A mentira não traz felicidade. Ilude e deixa vazios por onde passa.

– Onde leu isso, Eduardo?

– Não são leituras. Sinto que é assim. É bom lidar com a sinceridade. Ficamos leves, felizes, Mariana.

– Você é maduro demais pra sua idade. Gostaria que fosse mais descompromissado, jovial, assumindo determinados riscos.

– Não temo os riscos, mas provocá-los é mau gosto. Se ocorrerem naturalmente, buscarei ser forte.

– Namorar é se colocar em perigo?

– Depende, Mariana. Um namoro sincero, amoroso, leve, só pode ser bom. Mas, e o abuso que se constata nos dias atuais? Considera bom esse descompromisso entre os jovens? "Ficar", o que é "ficar"? Uma pseudo-liberdade. Um prazer rápido e nada mais.

– Não, Eduardo. Exatamente o contrário. No "ficar", um não tem compromisso com o outro. Busca-se, tão-só, o prazer. Cessado o interesse mútuo, cada um segue a sua vida.

– Mariana, não creio possível duas pessoas se relacionarem e nada surgir dessa relação.

– Eduardo, você é rígido! Encara as coisas com muita seriedade. Por que não poderíamos namorar? Gosto da sua presença. Gosto demais. Tenho grandes desejos em relação a você. Anseio ser sua. Não exigiria compromisso, mas, igualmente, não quero encontros fugidios, transitórios. Vamos tentar? Eu sei que lhe sou simpática.

– E por que me recuso? Quero-a como amiga. Seria injusto abusar de seus sentimentos. Fácil encontrar prazer ao seu lado. Jovem, bonita, saudável...

– Do prazer, das satisfações que eu posso lhe proporcionar, quem sabe chegaria o amor? Seria proibido tentar? Tenho-me resguardado para você. Não consigo me dar a ninguém mais.

– Talvez o melhor seja o meu afastamento. Não nos vermos tanto, Mariana.

Pelas faces claras de Mariana, cresceu profunda palidez. Uma lágrima, intensa dor n'alma.

– Seria doloroso perdê-lo de vista. Quem sabe eu devesse deixar a Biblioteca, procurar outro emprego.

– Aqui, você encontra tempo para prosseguir nos seus estudos. Tem uma remuneração razoável e um horário excelente.

Eduardo segurou-lhe as mãos frágeis, trêmulas naquele momento.

– Obrigada. Sua sinceridade transtorna o meu coração e, ao mesmo tempo, me faz bem. Ajude-me. Sentirei tristezas, solidão, angústias.

– Não exagere. Confie. Vai dar certo para você. Sua simpatia, o jeito bom de ser atrairão coisas boas ao seu coração.

As lembranças eram claras, muito presentes. Eduardo percebeu que estava opresso. Quase cinco anos haviam transcorrido. Há quase um ano, namorava Letícia. Os cortejos duraram quatro longos anos. Nesse entremeio, Mariana mostrava-se franca e fiel, querendo-o acima de todas as circunstâncias. Letícia era excessivamente retraída. Qualquer alusão a encontros, namoro, envolvimentos deixavam-na em sobressalto. Paciente, Eduardo se fizera amigo discreto. Convidava-a, vez ou outra, a uma saída, que nunca poderia ser à noite e, raras vezes, tinha o seu convite aceito. Ele cursava o último ano de Engenharia, Letícia estava no segundo ano de Pedagogia. Viam-se todos os dias, a companhia de Eduardo a agradava sobremaneira, mas, inexplicavelmente, se conservava cerimoniosa ao extremo.

– Posso acompanhá-la?

– Eduardo, que bom vê-lo!

– E como foi o final da semana?

– Meio parado. Com chuva, não se faz muita coisa. Aproveitei para estudar. E você?

– Pensei muito, Letícia. Nunca pensei tanto.

– Preocupado com alguma coisa? O seu curso chega ao fim, você foi aluno com destaque absoluto, os seus estágios foram bons, o seu pai tem a construtora. O que poderia preocupá-lo?

Ele a interrompeu. Cerceou-lhe os passos. Segurou-a pelos braços levemente.

– Eu a amo. Sempre a amei, desde que a vi. Quero namorá-la, Letícia.

Um longo silêncio margeado por lágrimas angustiosas. As mãos delicadas do rapaz buscaram enxugá-las.

– Saiamos daqui. Não quero chorar na presença dos outros.

– Venha, venha. Aqui estamos protegidos, não se preocupe. E então? Aceita o meu pedido?

Ela o fixou por entre as lágrimas. Olhou-o longamente. O silêncio começou a incomodá-lo. E, num suspiro cheio de dor, ela balbuciou:

– Não posso aceitar o seu pedido, não posso, Eduardo.

– Seria poder ou querer? Eu a observo, Letícia. Sempre a observei. Afirmaria que essa vontade é recíproca. Como não pode? É livre como eu. Sou digno e a amo. O que poderia impedir essa felicidade de tê-la para mim?

– Não force uma resposta. Não quero me sentir acuada.

– Acuada, Letícia? Expresse-se melhor. Há quatro anos, eu a cortejo pacientemente. E fala de acuar? Analise esses últimos anos. Dediquei-os a você, acalentando as maiores esperanças.

– Nunca lhe fiz promessas. Você me procurava, vinha ao meu encontro, Eduardo.

– E era bem recebido. Convenhamos que não tão bem quanto eu desejei. Esse namoro poderia ter começado há tempos.

– E não sei se vai começar. Não me sinto segura.

– Segurança? Não estou entendendo. Você acabou de dizer: termino o curso no próximo ano, meu emprego é garantido, amo-a. Nada, nada, Letícia, que possa nos constranger. Diga-me de seus sentimentos. Por favor, expresse alguma coisa ou enlouqueço!

Um pranto, há muito contido, brotou forte do coração do jovem Eduardo. Recolheu a cabeça entre as mãos e soluçou livremente. A mão delicada da jovem tocou-lhe os cabelos negros e fartos.

Deitou a cabeça no seu ombro e chorou com ele. Abstraíram-se de tudo, silenciosos, aconchegados e felizes.

– Perdemos as duas primeiras aulas. Não gosto de fazer isso.

– Não se preocupe, Letícia. Este momento é muito importante para nós dois.

Tomou-lhe as mãos beijando-as longamente.

– Tenho medo de não lhe dar o que você merece.

– Saberei conquistar. Cultivarei tudo o que for bom ao seu lado. Letícia, não estou atrás de facilidades. Se você me aceitar, a minha felicidade será tanta que deverei trabalhar muito para merecê-la.

– Nunca namorei antes, Eduardo. Possíveis intimidades me desorientam. Essas carícias preliminares me assustam.

– Você me namorava à distância. Desde o primeiro olhar, sabíamos que viemos um para o outro. Saberei respeitá-la, não tema.

– E se o decepcionar?

– Confie, eu lhe peço.

Riram carinhosos, cochicharam e trocaram olhares de amor. A um toque mais carinhoso de Eduardo buscando beijá-la, Letícia se esquivara.

– Detesto demonstrações públicas, por favor.

– Perdão, não quero inibi-la. Penso que o melhor é voltarmos para casa.

– E as aulas?

– Teremos aula amanhã e depois, depois, depois. Este momento mágico é único. Não é para esquecermos. Ficaremos juntinhos cada minuto deste dia.

Lágrimas queimavam-lhe as faces. Recordar, naquele momento, era sofrer.

CAPÍTULO

3 Desvelo

O pátio da escola de Engenharia estava cheio. Estacionou o carro, enxugou o rosto, disfarçou-se com óculos escuros. Tentou passar de largo, mas foi inútil.

– E então, meu jovem?

Voltou-se atencioso ao som da voz amiga de professor Gustavo.

– Como vai o senhor?

– Muito bem. A juventude de vocês nos traz sentimentos bons. Sua turma é um grande destaque, meu caro.

– Tivemos excelentes mestres. Devemos muito aos que nos orientaram nesses anos, professor Gustavo.

– Os professores não fazem milagres. Receptividade, meu jovem, é fundamental. As suas respostas às pesquisas que lhes foram sugeridas vitalizaram esse percurso. Foi um enorme prazer acompanhá-los. A boa vontade promove momentos felizes.

– O tempo passou rápido demais! Começo a sentir saudades... Chegamos ao último ano.

– Permaneçamos próximos. Estejamos atentos, Eduardo.

– O senhor está falando uma coisa certa. Não somos atentos quanto devíamos. De comum, nós nos descuidamos uns dos outros. Permitimos que os acontecimentos dominem o nosso tempo.

– O ideal é nos cultivarmos, Eduardo. Há uma tendência ao descaso. Interesses movem o mundo. Os ideais têm sido desprezados. Os homens anseiam pelos poderes temporais em detrimento deles mesmos.

– Quanta filosofia, professor Gustavo! Boa filosofia. Gosto dessas reflexões.

– Procure-me quando quiser conversar. Será um prazer estender mais amplamente essas reflexões. Não desprezemos a oportunidade de um enriquecimento como esse. Conversar é uma possibilidade enorme de boas trocas.

Eduardo pensou rapidamente em lhe falar sobre as dores que vivia, mas silenciou. Despediram-se e cada um seguiu rumo aos seus afazeres.

Felizmente, o nosso jovem cursava Engenharia com distinção e podia se despreocupar, um tanto, das provas. Sentia-se esvaziado após o incidente com Letícia. Temia não voltar a vê-la mais, muito embora o seu sentimento indicasse união entre eles. Permanecia na sala de aula, mas abstraído, o pensamento longe.

– O que aconteceu? Tomou algum avião invisível? Nunca o vi ausente quando um professor fala.

– Fique quieto, Maurício. Não estou bem.

– Quer sair, conversar...

Eduardo olhou-o por breves minutos.

– Talvez você tenha razão. É melhor sair.

Pediram licença e se retiraram.

– Confie, desabafe! Saia desse mutismo, Eduardo.

Os espaços abertos da Universidade estavam bem organizados. A natureza acolhia-os com vigor. O jovem enamorado contemplou-a melancólico.

– Sinto-me assim, Maurício. Solitário, calado, triste...

– Mal o reconheço, Eduardo! O que lhe aconteceu? Difícil imaginar algo de ruim relacionado a você. Seu pai ou sua mãe não estariam bem?

– Letícia, meu amigo. Letícia expulsou-me de maneira estranha, irreconhecível. Não consegui entender a sua reação após um beijo de amor.

– Reação, briga, beijo de amor... Explique-se melhor, Eduardo.

Permeando a narrativa com lágrimas e respirações profundas, revelou mais do que desejava ao amigo.

– O que me diz? Esse comportamento não é normal, meu amigo.

– Penso que nesses quase doze meses muita coisa aconteceu. Tentei ignorá-las. Letícia alardeia o seu amor através de palavras, cartões e mimos, mas repudia quaisquer manifestações de carinho. Mal posso tocá-la.

– Teria algum segredo? Algum problema psíquico?

Permaneceram pensativos por longos instantes.

– Maurício, eu lhe peço discrição. Que ninguém se aposse dessa realidade. Por favor, amigo.

– Terei cuidado. Não há utilidade nos palpites que possamos colher desse ou daquele curioso perseguidor de novas histórias. Fique tranqüilo. E os pais de Letícia?

– Eles não têm noção dessas reações da filha. Julgam-na recatada e nada mais. Bem, penso que seja assim.

– Pensa em lhes dizer a verdade?

– Estariam interessados nessa conversa? Vou insistir para falar com Letícia ainda que pela derradeira vez. Como terminar com um beijo e uma bofetada?

– Mas aguarde alguns dias. Deixe-a sentir sua falta. Analisar o que fez.

– Buscarei calma. Tentarei ser prudente. Talvez uma conversa com os pais de Letícia seja realmente importante.

– Temos vários assuntos relacionados à formatura para resolvermos. Sente-se capaz para essas determinações?

– Nossa dor não pára o tempo, Maurício. Bom é que não o pare mesmo. Nesse movimento bom da Vida, acabamos encontrando renovação.

– A dor não pára o tempo, mas traz a idéia de lentidão. As horas custam a passar quando vivemos alguma dor.

Eduardo respirou fundo.

– Eu me esforçarei para prosseguir com naturalidade. Preciso viver bem esses últimos meses.

– Lutamos esses anos todos, é importante concluir bem.

* * *

Letícia acordou melancólica. Sem vontade para nada.

– Com licença, minha menina.

– Camuca! Que bom que você está aqui!

– Quer um chá? Sua mãe falou de seu mal-estar de ontem.

– Não é um simples mal-estar. Sei que é grave. Sou diferente de outras jovens. Feri o homem que amo mais do que a mim mesma. Gritei, esbofeteei e o expulsei de minha casa. Nem mereço perdão!

– O senhor Eduardo nem ficou zangado, aposto.

– Como você pode saber, Camuca?

– Ele é educado e tem bom coração. Fale com ele, peça-lhe perdão.

– Para lhe dizer o quê? Não me sinto capaz para a relação afetiva. Que razões existiriam para eu ser como sou?

Camuca, a serviçal humilde e bondosa dos Santoro, segurou as mãos de Letícia, olhou-a bem nos olhos e quase sussurrou:

– Deus sabe e Ele não guarda segredos para ninguém. Minha menina vai descobrir. Confie!

– Nunca procurei por Deus.

– A menina precisa rezar. Conversar com o nosso Pai é uma ação de fé e de amor. Fale com Ele.

– Você, Camuca, me ensinando essas coisas! Os meus pais nunca se importaram com as questões relacionadas à fé, eternidade, céu, inferno.

– Minha menina, somos filhos do céu.

– O que é céu para você?

– Céu é tudo de bom que tem na Vida. Somos filhos da Vida, do Criador.

– Parece difícil lidar com algo que não vemos e nem podemos tocar. Você poderia rezar comigo, Camuca?

– E dona Carmem? Ela pode não gostar.

– Eu tranco a porta do quarto.

– Não, minha menina. Camuca vai rezar sozinha.

– E como irei aprender?

– Sua mãe não gosta quando conversamos. Pensa que desrespeitarei essa liberdade que a menina me dá.

– É preconceituosa. Apesar desses vinte anos que você está conosco, não aprendeu a entendê-la. Eu a amo, Camuca. Sinto-a minha mãe, irmã, protetora... É um carinho que me faz bem. Sei que mamãe jamais poderia saber de meus sentimentos. Ela não admitiria. Lembra-se de minhas crises de melancolia na infância? Só você conseguia chegar ao meu coração. Papai é mais compreensivo. Ele a estima muito.

Os olhos escuros e profundos da serviçal inundaram-se de pranto. Sentiu ímpetos de falar do imenso e inigualável amor que lhe votava, mas refreou a emoção.

– Tem sido bom, muito bom trabalhar nesta casa. E os seus pais sempre me trataram bem.

– Trataram bem. O que seria tratar bem? Um salário, silêncio, distância... Você merece mais do que lhe foi dado.

– Não, não. Sinto-me feliz e sou grata a eles, a vocês.

Letícia abraçou-a longamente.

– Se eu me casar com Eduardo, levarei você comigo. Esse seria o meu presente de casamento. Mamãe concordou. Em breve, os meus irmãos buscarão outras cidades para cursarem a Universidade, você será minha, Camuca.

– Vou gostar muito. Mas não sabia que havia feito esse pedido a seus pais.

– Mas agora nem sei se vou casar! E você? Nunca pensou em constituir família?

– Sua família me cuidou tão bem quando me encontrou que pensei em não mais os deixar.

– Que bom! Sou egoísta. Quero-a próxima e nem penso que talvez fosse muito bom você ter a sua casa, filhos, um companheiro.

– Deus me deu mais do que mereço. Sou feliz. Não se preocupe. E então, posso fazer o chá?

– Pode, pode sim. Vou tentar me alimentar.

– E se conservar com saúde para viver bem, minha menina.

Camuca deixou-a só. Letícia entreabriu a janela. O jardim estuava frescor, as camélias bonitas, viçosas, transparentes... Olhando-as, longamente, pensou em noivado, casamento, felicidade... A cabeça rodou. Sentiu náuseas. Com cuidado, procurou sentar. Um suor frio tomou-lhe a testa inteira. Teve medo, muito medo. O tempo parecia não ter fim. Tentou gritar, percebeu-se rígida. Camuca voltava com o chá. Alegre, de inopino, não percebeu o que ocorria com Letícia.

– Vamos, menina, sem preguiça, venha saborear o chá. Trouxe maçã e os seus biscoitos preferidos – depositou a bandeja e se voltou. Letícia estava desmaiada na poltrona. Pensou em chamar alguém, mas se lembrou de que estava sozinha. Todos haviam saído.
– Letícia, minha menina, fale comigo! Você está molhada de suor. Deus me ajude!

Colocou a mão na testa da jovem, fechou os olhos e buscou a proteção eterna. Sentiu tranqüilidade. Embora as suas faces se molhassem de pranto, o coração refletia luz. Pouco a pouco, Letícia foi retomando a consciência.

– Onde estou? Mamãe, mamãe... Você voltou? Você não foi embora? Você voltou? Eu sabia que você não me deixaria com esse homem mau. Ele é mau, mamãe. Ele é muito mau.

– Letícia, sou eu, Camuca. Sou sua serviçal. Não sou sua mãe.

– Você é minha mãe. Não vá embora, não, não vá! Eu amo você. Só tenho você. Fique ao meu lado e me proteja!

– Letícia, Letícia, sou eu, Camuca! Venha, minha menina, volte!

A jovem silenciou. Longo silêncio. E como quem de nada se lembrava:

– Camuca, o que aconteceu? As flores, as camélias, o jardim...

– Não pense, fique calma.

– Sinto sono, muito sono. Quero dormir, dormir.

– Não, menina, não.

– Camuca, por favor. Quero esquecer.

– Não e não! Você vai comer alguma coisa! Vamos, sente-se!

Estranha força invadia o coração da serviçal. Letícia olhou-a de maneira diferente.

– Está bem, tentarei comer.

– Pensando melhor, venha. Um banho vai lhe fazer bem. Um banho vai ajudá-la.

Letícia, com algum esforço, apoiando-se em Camuca, ergueu-se. Sua tez clara parecia de cera. Os longos cabelos caídos, úmidos, impunham-lhe ares de além-túmulo. Camuca sentiu um calafrio n'alma.

– Sinto-me muito mal. Morrer seria assim?

– Não existe morte. Pare com isso, pare, eu lhe peço!

Com grande esforço, segurou-a na banheira. A água morna fez-lhe enorme bem. Deixou-a calma.

– Que boa idéia! Sinto-me mais animada. O banho me revigorou.

Camuca, contudo, estava apreensiva. A voz de sua menina estava apagada, sem vida. O corpo meio largado.

– Venha, com cuidado. Apóie-se no meu ombro.

Enxugou-a com extremo carinho, acomodou-a na cama, ajudou-a a sorver o chá.

– Não quero a maçã.

– O biscoito, então.

– Camuca, não.

– Faça um esforço. Por favor, faça um esforço.

Com paciência, levou-a a comer.

– Posso lhe pedir uma coisa, Camuca? Fique ao meu lado. Mesmo que eu durma, não se afaste. Fique, fique pertinho, eu lhe peço. Sinto medo e nem sei de quê. Não se afaste.

A mão protetora da serviçal acariciou-lhe os cabelos.

– Não. Não a deixarei. Ficarei secando os seus cabelos. Eles estão molhados. Mas bonitos. São bonitos...

– Mesmo que eles sequem, não se vá. Não me deixe.

– Durma, feche os olhos e confie. Ficarei. Nada me afastará. Esperarei você acordar. Ficarei quanto for preciso.

Alguns instantes e a jovem adormeceu. Camuca, com enorme discrição, beijou-a muitas vezes, transbordando ternuras do seu coração singelo. Fitando-a, no vibrar de um sentimento profundo, tão profundo que lhe seria difícil explicar as razões, pensou em como poderia absorver para si aquelas dores. Se pudesse, não permitiria sofrimentos à sua menina.

Mas conjecturava que o Pai Excelso era sábio, perfeito e tudo encaminhava com absoluta sabedoria. Impossível lhe seria viver a dor de sua menina, mas compartilhar, sim. Ficaria para sempre ao lado de Letícia, se lhe fosse possível, e a ajudaria a lutar e vencer. Acariciando-lhe a tez esmaecente, abstraiu-se buscando as forças protetoras da Vida.

CAPÍTULO 4

Julgamentos

Carmem Santoro chegou um tanto cansada. Era quase meio-dia. A cozinha estava como a deixara logo cedo. Ficou contrariada. Onde estaria Camuca? A casa permanecia silenciosa. Começou a abrir as portas sem cuidados. Ao chegar ao quarto de Letícia, assustou-se.

– O que aconteceu? Por que está sentada ao lado de Letícia?

Em palavras simples, Camuca contou-lhe tudo.

– Ela me pediu ficar. Não leve a mal, dona Carmem.

– Eu vou chamar o nosso médico. Alguma coisa foge de meu controle. Fique aí. Voltarei num minuto.

– Não se preocupe. Ficarei quanto for preciso.

Doutor Amélio Vaz Serra, há vinte anos, era o grande amigo da família. Ponderado, vagaroso nas suas indicações, afetuoso, humano! Esquecia-se de si mesmo face à dor de seus semelhantes. Carmem Santoro estava um tanto aflita.

– Sente-se. Augusto não deve demorar. Precisamos conversar juntos. Camuca tem algo para nos dizer.

Enquanto trocavam algumas palavras, Augusto Santoro chegou. Preferiram conversar sem a presença de Letícia.

Inteirado da recente seqüência dos fatos, Amélio Vaz Serra pensou longamente enquanto perpassava os olhos pelos que ali estavam.

– Preciso conversar com a nossa jovem. Ouvi-la, sondando as suas emoções, analisando-lhe os sentimentos. Nesses últimos anos, esforcei-me para não ser médico de corpos físicos. Somos seres eternos. Existem realidades que desconhecemos, mas que devem ser respeitadas. Procurarei o eleito de Letícia, ouvi-lo é importante. Por favor, conduzam-me a ela.

A palidez de nossa jovem acentuava-lhe a beleza. Os cabelos, mal amarrados por fita clara, compunham-lhe ares de passado. Amélio Vaz Serra olhou-a. Perdeu-se em grande mutismo. Um calafrio tomou-lhe o corpo. Lembranças cresciam fortes. Mas que lembranças seriam? Letícia parecia-lhe um ser anteriormente querido. Emoções indicavam-lhe sofrimentos. Que sofrimentos poderiam ser? Que emoções seriam aquelas, que nunca observara antes? Os olhos melancólicos e belos de Letícia sempre o haviam impressionado, como a lhe acordar lembranças, mas como naquele momento nunca acontecera! Aos poucos, foi retomando a hora presente.

– Doutor Amélio, o senhor está bem? Sente alguma coisa?

Carmem Santoro estava aflita.

– Perdão, perdão! Estou bem. Estou muito bem.

Estendeu as mãos à jovem Letícia.

– Que bom vê-lo, doutor Amélio! Sinto-me melhor na sua presença.

– A dor acentua a beleza, Letícia.

– Doutor Amélio, não exagere! Minha filha está decomposta. Não a quero assim. Ajude-a a se recuperar o quanto antes.

– Não concordo, cara amiga. E reafirmo: a dor desencadeia enormes belezas.

– Absurdo! Ruínas, ruínas ficam fortes nesse repugnante contato. Detesto a dor. Envelhecemos. Ficamos magoados e tristes quando submetidos a ela. Incapacitados a qualquer movimento mais livre.

– Se a amparamos com fé, somos pela dor abençoados. Seríamos muito mais insensíveis do que somos sem essas lutas que a Vida seleciona. Tornamo-nos maduros nesses embates.

– Lutar, lutar... – respirou fundo, um tanto enfurecida. – Não consigo entender! Qual a utilidade de tanta dor na Terra? Lamento, doutor Amélio, mas não aceito essas suas idéias!

– E gostaria de entendê-las?

Um longo silêncio. Carmem Santoro fugiu da resposta.

– Por favor, cessemos esta conversa inútil. Examine minha filha. Nós o chamamos para isso. Filosofia não promove saúde. Confunde as nossas cabeças. – Resmungou baixo: – A Vida seleciona lutas... Que bobagem!

– Mamãe, não seja indelicada.

– Sincera, Letícia, sincera. Acredita que a Vida seleciona lutas?

– Mamãe, doutor Vaz Serra não esparrama confusão através do que fala. Sempre os vi enaltecendo-lhe os dons. Se nos diz que a Vida seleciona as lutas das quais não conseguimos fugir, penso que lhe devemos atenção.

Enorme silêncio. Nenhuma resposta.

Doutor Amélio Vaz Serra aquietou-se ao lado da jovem. Por longos minutos, examinou-a. Camuca percebia-lhe a enorme interiorização. Ele se envolvia pela força da prece, buscava Deus. A serviçal emocionou-se profundamente. Doutor Amélio Vaz Serra parecia-lhe amigo íntimo. Camuca cerrou os olhos e se esforçou para ser útil. Ansiava o bem-estar de sua menina.

A Carmem Santoro, aquele silêncio era exagero. Não suportando a espera, saiu dos aposentos de Letícia.

Um tempo e, amoroso, falava aos pais aflitos.

– Preciso de algumas horas para chegar a uma indicação correta. Letícia vai melhorar. Neste momento, precisa de repouso. Sente-se débil.

– E se não melhorar? Nenhuma medicação será indicada? Tenho medo.

– Carmem, controle-se. Dr. Amélio merece nossa confiança.

– Há uma medicação, meus amigos. Nessa, confio mais do que em todas as outras. É o carinho e a atenção que sejamos capazes de oferecer. Permaneçam junto a ela sem exigências. Nem perguntas ou respostas. Simplesmente juntos. Ela precisa de segurança.

– Obrigado, doutor Amélio. Faremos isso. Nossa filha é-nos tesouro incalculável.

À partida do médico, Carmem Santoro expressou sua fragilidade e, até, repugnância pela calma do amigo.

– Estou insegura! Temo pela sanidade de minha filha! E pedem-me ficar quieta!

– Carmem! Que absurdo! Não é tão grave, confiemos! É importante confiar. Se começássemos a julgar doutor Amélio, duvidando de sua integridade e competência, melhor seria procurar outro profissional.

– E nos expormos? Nossas intimidades são nossas. Pelo menos, doutor Amélio já nos conhece há anos e anos. Foi se apossando de nossas fragilidades aos poucos. Quase não sentimos.

– Que maneira agressiva de se expressar, Carmem! Doutor Amélio não se apossou de nada. Conviveu conosco, participando respeitosamente de nossas lutas. Foi muito mais do que poderíamos esperar. Como ele mesmo nos afirmou há pouco: cuida além dos corpos. Perecíveis corpos... Foi, e é, um grande amigo. Ouviu-nos, vezes sem conta, em desabafos e queixas freqüentes. Reconsidere esses pensamentos.

– Não são apenas pensamentos. É o meu sentimento. Em horas, que me pareciam infindáveis, desabafei, falei, expus nossa intimidade e me arrependi amargamente.

– Ele sempre nos acolheu além de sua perícia profissional. Respeito, numa amizade que se provou no tempo, levou-nos a crescer. Lamento que o seu coração não percebesse assim. A sociedade, há tempos, segue por outros rumos de pesquisa e aprimoramento. Especialidades, em detalhes incontáveis, encerraram vivências fecundas entre o médico e a família que o escolhia.

– Prefiro os rumos de agora. Para cada parte de nosso corpo, um profissional gabaritado. Ninguém nos conhece realmente. Nada sabem de nossos segredos. Nenhuma intimidade.

Augusto olhou-a sob um ricto de dor nas faces. Por segundos, refletiu sobre a utilidade de uma tentativa para que se entendessem. Anos próximo àquela mulher e, por várias vezes, a sentia uma estranha, entristecendo-se com a futilidade de seu coração.

– Não somos pedaços, Carmem. Embora eu não entenda claramente o que somos, existe alguma coisa além de unhas, olhos e coração. As medicações não atingem nossos sentimentos.

Um menosprezo e impaciência emergiram fortes. Voz alterada, Carmem quase o derrubou, num movimento de corpo.

– Não me venha com a novidade de doutor Amélio! Existe alguma coisa além de nossos corpos, Augusto? Pois eu não quero saber! Chega o que já nos ocupa e preocupa em nossas vidas. Estou cansada!

Augusto se esforçara, por quase vinte e cinco anos, para oferecer segurança e alegrias à sua família. Poupara Carmem de maiores lutas. Protegera-a de aborrecimentos e dores e, naquele momento, questionava o valor de seus esforços.

Letícia fora aguardada ansiosamente por Augusto Santoro. Carmem, no entanto, se esquivara enquanto lhe fora possível. Falava da urgência de uma casa própria, de segurança econômica, independência e relegava, a último plano, a possibilidade de ser mãe. Afastara-se da oportunidade de trabalho fora de casa e entregara a Camuca os afazeres domésticos. Amamentar os filhos fora uma idealização dele que Carmem desprezara obstinadamente.

– Buscarei novos conhecimentos. Anseio mudanças e nada me impedirá essas conquistas.

– Faça o que lhe aprouver. O meu encanto por você não existe há muito tempo. O que você vai fazer não me diz respeito. Nunca me senti inteiramente à vontade com doutor Amélio e não estou confiando nele. Nossa filha poderá ficar louca. Louca, ouviu bem?

– É absurdo esse pensamento!

– Não é absurdo! Ela sempre foi diferente! E se esse mal estiver se agravando? Uma filha desmemoriada, insana, perdida do agora. Tenho medo, medo, você entende?

Camuca chegava com um bom chá. Ouvindo-a, buscou asserená-la.

– Pense em coisas boas, dona Carmem. Ela é jovem, forte e ficará bem.

– Camuca, você é feliz.

– Feliz, dona Carmem? Por quê?

– Sua ignorância isenta-a de sofrer. Em que mundo vive você? Lava, passa, cozinha... Soubesse o seu coração dos segredos do mundo e não estaria nessa indiferença.

– Carmem, que maneira de falar com Camuca!

– Sinceridade, Augusto. Ou devo mentir em nome de uma piedade tola?

– Não é nada disso, Carmem! Pondere, por favor.

– Posso me retirar, senhora?

– Fique à vontade e prepare algo leve para a refeição.

A serviçal saiu com humildade. Nenhuma mágoa ou negatividade no coração.

– Você foi agressiva com ela.

– Agressiva? Não seja ingênuo! Como Letícia, você tem mania de proteção. Camuca é limpa, organizada e fiel, mas não passa de uma serviçal. Se a tratássemos diferente, não a ajudaríamos.

– Parece-me doutor Amélio pediu-nos prudência, calma, compreensão. Não agitemos o ambiente de nossa casa.

– Fique com a sua calma. Estou muito ansiosa, assustada mesmo e não vou disfarçar nada. Vou me banhar.

Augusto ficou pensativo. Vagarosamente, entrou no quarto da filha. Olhou-a com grande amor e começou a se lembrar de seus choros no meio da noite quando menina. Era comum acordar assustada, gritando coisas incompreensíveis. Era-lhe custoso trazê-la de volta à calma. Será que Carmem estava certa? Estaria algum grande sofrimento espreitando-os? Tentou controlar as lágrimas. O coração opresso. Pensou em buscar recursos fosse onde fosse e teve medo. Não lhe era natural pensar em Deus. Sentiu vontade de buscar uma igreja, se ajoelhar e rezar muito. A palidez da filha o impressionava. Percebeu que se virava na cama e a chamou baixinho:

– Letícia. É o papai, minha filha. Está me ouvindo?

– Papai... Papai, venha.

– Você está bem, filha?

– A cabeça dói um pouco. E mamãe? Ela foi rude com doutor Amélio.

– Esqueça isso. Está com fome?

– Não, papai. Venha, sente-se aqui. Posso deitar a cabeça no seu colo?

– Faça isso, filhinha. Venha.

Augusto Santoro não dominou o pranto.

– Chorando!? Por quê? Estou bem e ficarei melhor. Olhe, peça a Camuca alguma coisa e comerei. Vou me esforçar, papai. Confie. Não tema.

Não fora preciso chamar. A operosa serviçal trouxera o alimento preferido de nossa jovem.

– Ainda que só uma colher, coma.

– Incomparável Camuca!

– Não, minha menina. Sou apenas esforçada.

– Concordo com minha filha. Você atua muito além do que lhe pedimos.

– Boa vontade é-lhe natural, Camuca. Faz enorme bem ficar ao seu lado. Devemos muito ao seu coração amigo.

– Carmem e eu poderíamos testemunhar essa enorme boa vontade. Quando vocês eram pequenos, levados e até mesmo exigentes, ela os acolhia com uma paciência ilimitada.

– Por isso eu a levarei comigo, papai.

– Levá-la!? Vai viajar?

Camuca riu.

– Não, senhor Augusto, não é uma viagem. Quando casar, pensa em me levar.

– Casar!? Que bom, minha filha! Eduardo a ama e sei que esse desentendimento vai cair no esquecimento rapidamente. Casar, ter filhos...

A jovem sentiu-se mal e o interrompeu aflita:

– Mudemos de assunto, por favor. Não vou me casar. Não posso me casar.

– Letícia, confie, minha filha.

– Por favor, papai...

– Fique tranqüila. Esqueça essa conversa. Vamos, coma alguma coisa.

Letícia comeu mais do que esperavam e conversou vagarosamente com o pai. Nada, no entanto, que lembrasse Eduardo.

***

Amélio Vaz Serra, mais do que nunca, estava interessado nas pesquisas relacionadas ao estado de Letícia. Considerava imprescindível a conversa com o eleito da jovem e, prestamente, foi-lhe ao encontro.

– Doutor Vaz Serra, que prazer!

– Nem todos têm prazer em estar na minha presença, Raquel.

– E Ísis, como vai?

– Muito bem! Dinâmica e dedicada como sempre. Eduardo está?

– Chegou há poucos minutos, aguarde um instante. Vou chamá-lo.

Aquietado na sala espaçosa e bem decorada dos amigos, respirou fundo, pensando nas suas buscas dos últimos anos.

– Doutor Vaz Serra! Que alegria! Ainda bem que há muito não o vejo!

– Sua saúde nunca me favoreceu, Eduardo!

Riram com imensa simpatia.

– Aconteceu alguma coisa?

– Letícia. A sua amada me traz cuidados.

– Ela não está bem. Foi uma briga desconcertante, inesperada, nem sei ao certo. Tenho procurado meditar nessas horas que me separam do nosso desentendimento. Nunca o nosso relacionamento foi como o de outros casais. Ela não me permite intimidades. Refreia os meus carinhos mais inocentes. Anseia-me a companhia, as conversas, os risos. Mas se tento um abraço, um único abraço, sou empurrado com desculpas tolas.

– Tentaram conversar a esse respeito?

– Inúmeras vezes. Ela me acusa, diz que a desejo demais e que não gosta de meus anseios. Afirma que, se eu a amasse, não seria dominado por tantos desejos em relação ao seu corpo. Tento lhe dizer de nossa convivência fecunda, das responsabilidades assumidas e do muito a realizarmos ainda na vida profissional. Nada a convence que uma relação íntima, entre seres que se amam, é natural.

– Não poderei simplesmente tratá-la com medicações. A alma está enferma. Sei de alguém que poderá nos ajudar.

Uma dor aguda transpassou Eduardo. Vacilou ao perguntar.

– Um, um psiquiatra? Seria um desequilíbrio psíquico? Por favor, doutor Amélio, ajude-a o senhor. Por favor, não a deixe longe de sua experiência e afeto. Eu a amo demais. O senhor é de nossa inteira confiança. Ajude-a! Eu a amo demais!

– Ninguém ama demais, meu jovem. O amor nunca é excessivo. O amor dignifica e liberta o coração.

– Sinto-me disposto a tudo para ajudá-la. O senhor pode contar com os meus esforços. Farei o que for preciso!

Os olhos se encharcaram de um pranto manso e sofrido.

– Fique calmo, meu filho. Ajudaremos nossa amada Letícia.

– Eu seria capaz de renunciar a esse grande amor se essa renúncia a libertasse dos traumas que vive.

– Traumas... traumas...

Doutor Vaz Serra vagueou pela sala. Por instantes, completamente absorto.

– O senhor está bem?

– Sim, meu jovem. Estou muito bem. Após o desentendimento entre vocês, ela se sentiu muito mal e Camuca a socorreu.

– Bondosa, Camuca. Admiro o imenso afeto que existe entre elas. É muito especial.

– Não é o mesmo com todos?

– De maneira nenhuma! Letícia tem veneração por Camuca. Dona Carmem não lhe contou que ela sempre chorava antes das viagens por se recusar a deixar Camuca? Fugia à noite dos seus aposentos e deitava no tapete para ficar próxima a ela.

– Muito sério e bom, Eduardo. Muito bom!

– Dona Carmem não aprovava esse comportamento de Letícia. Colocou-a, muitas vezes, de castigo por essas demonstrações afetivas. Temia a proximidade. Afirmava que Camuca era serviçal e não amiga. Mas o que é tão bom, doutor Amélio?

– Esses relatos são úteis. Permitem-nos entender melhor os conflitos de Letícia.

– O senhor quer associar a ligação entre elas com as reações de Letícia face aos meus carinhos?

– Existe relação, meu filho. Aguarde mais um pouco e você entenderá.

– Mais do que entender, eu preciso ajudar a minha amada. Doutor Vaz Serra, Letícia é o meu amor. Entender... entender talvez não seja o mais importante.

– Não concordo, Eduardo. Observe melhor e você compreenderá o que estou buscando. Letícia precisa de apoio e compreensão, mas também de sabedoria.

Inquieto, nosso jovem deu passos incertos pela sala. Respirou fundo. Transpassou os dedos pelos cabelos sedosos.

– Eu morreria se a perdesse. E o pior é que ela me ama. Não tenho dúvidas quanto ao nosso amor. Ama-me sinceramente, mas não suporta intimidades entre nós.

Vaz Serra olhou-o detidamente. Deu alguns passos, segurou-o pelos ombros, encarou-o firmemente.

– "E o pior é que ela me ama". Já pensou sobre o que disse? Amar é o caminho certo. Jamais repita isso! Se ela o ama, encontrará forças para vencer. O desamor, meu jovem, é grave. A incompreensão causa afastamentos. Vocês conseguirão vencer essas dificuldades. Nossa amizade, a determinação que nos é própria e a proteção divina facultarão acertos. – E, deixando-o, braços caídos, semi-absorto, balbuciou: – Ainda que o passado seja devassado, conseguiremos vencer essas barreiras.

Eduardo ficou perplexo.

– Eu ouvi corretamente? O senhor disse "devassar o passado"? A que se refere? Voltarmos à infância de Letícia?

Um meio riso, suave riso, cresceu nos lábios de Vaz Serra.

– Medo, meu jovem? Devassar, respeitosamente, outras existências. Nada de disfarces. Não apenas a infância de nossa amada Letícia, mas outras existências.

Um amargor expressou-se nas faces de Eduardo. Fugiu do olhar do amigo e apostou-se na janela, semi-recoberto pelas cortinas alvas. Lágrimas intensas que não disfarçou. Vaz Serra pensou firmemente em Deus. Com calma, tocou-o no ombro. E, quase em prece, pegou o seu lenço em cambraia fina e enxugou-lhe as faces marcadas.

– Confesso-lhe os meus mais profundos receios. Para que fazermos isso com Letícia? Eu a pouparia de todo mal se pudesse. A sacrificar alguém, que seja eu. Poupe-a, eu lhe imploro.

– Mal!? Essa investigação existe desde há muito tempo. Em nada prejudicaria alguém.

– Nada sei a esse respeito, mas já ouvi relatos negativos sobre essas incursões.

– Por certo, não realizadas com o respeito e o conhecimento necessários. Abordar questões íntimas de alguém, adentrar vivências passadas, compartilhar dores e alegrias é muito sério. O credenciamento ideal para esses empreendimentos é, acima de tudo, a moral. Um homem moralizado pode investigar além das fronteiras materiais. Nunca o faria por vã curiosidade, por interesses mesquinhos, sem amorosidade.

– Letícia, minha Letícia... Fique bem. Confie em nós. Salve-se antes de quaisquer práticas.

Ele pensava em voz alta.

– Eduardo, cuidado, meu filho! Não investigar por medo? Só o amor, que é sabedoria, deve nos orientar quanto ao que devemos fazer ou deixar de fazer.

– E a quem entregaria a minha amada?

– Estamos, por hora, conversando, apenas conversando. Essa iniciativa precisa da concordância dos pais. E, porque não dizer: dela mesma.

– Um psiquiatra? Essa perspectiva muito me assusta.

– Professor. A pessoa ideal é um professor.

– Professor? E professores lidam com incursões nos caminhos do passado?

– Gustavo Lumer, sim.

– Gustavo Lumer? O meu professor? Letícia nunca estudou com ele. Não há ligações entre eles.

– O meu dileto amigo e ilustre professor de Física é estudioso aplicado da Doutrina Espírita.

– O quê? O meu professor querido é envolvido nessas buscas assombrosas?

Doutor Amélio Vaz Serra riu gostosamente.

– "Buscas assombrosas", Eduardo? O que significa isso?

– Buscar quem já morreu é lícito? Temo a autoridade divina. Tantas coisas para fazermos entre nós e nos lançarmos no desconhecido? Não ousaria fazê-lo. Mas, como poderia, exatamente, o admirável professor defender ou propagar essas idéias? Nunca conheci alguém como ele! Ponderado, amigo, alegre e capaz de grandes descobertas. A Universidade o respeita. Respeitar é pouco. A maior parte o ama. Estranho, muito estranho...

– Meu filho, a Doutrina Espírita é filosofia de comportamento. Ciência de amor. Revivescência do Cristianismo.

– O senhor também está se envolvendo nessas crendices?

– Há quase dez anos fui convidado a esses estudos e, graças a Deus, aceitei.

Eduardo, andando de um lado para o outro, respirou fundo e disse:

– Vou buscar alguma coisa para bebermos. Gosta de maracujá?

– Sem açúcar e pouco gelo.

– Volto num instante. Com licença.

Amélio Vaz Serra percebeu o profundo constrangimento de nosso jovem, mas ficou tranqüilo. Confiava no seu bom-senso e sabia que ele mesmo seria um propagador da respeitável Doutrina dos Espíritos. Enquanto o aguardava, fechou os olhos e procurou conversar com Deus, pedindo-lhe inspiração.

5 Sinceridade

CAPÍTULO

Maurício, atendendo a urgente solicitação de Eduardo, chegava à sua casa trazendo-lhe uma carta.

– Uma carta? – Ficou introspectivo. – Nada escrito por fora?

– Eduardo, o que importa é a mensagem. Leia.

– Farei isso mais tarde. Quem lhe deu esta carta?

– Não adivinha?

– As mágicas não são necessárias para eu saber quem a escreveu. Tentei, vezes sem fim, dizer a Mariana que não a amo.

– Persistente como ela, não conheço outra. Desistir não lhe é próprio.

– Nunca a enganei. Disse-lhe de minha dedicação a Letícia.

– Mariana quer conversar com você. Sempre foi sua amiga. Atenda-a.

– Seria oportuno um encontro com ela?

– E por que não? Qual poderia ser o inconveniente?

– Talvez você esteja certo. Vou procurá-la no intervalo de nossas aulas. Amanhã falarei com ela.

– Letícia, como está?

– Não a vejo há três dias. Doutor Vaz Serra atendeu ao chamado de seus pais, examinou-a e ponderou idéias que me deixaram confuso.

– Idéias? Devem ser boas. A não ser o professor Gustavo, ninguém é solícito e honesto quanto ele.

– Sabia que são amigos?

– Já ouvi os meus pais comentando alguma coisa, mas não atentei ao que era. Penso ser bom a todos nós a amizade entre esses dois homens. São magníficos no que fazem.

– Educação e saúde...

– O que existiria fora dessas bases?

– A religião, Maurício.

– Você!? Religioso!? Letícia está contagiando o meu melhor amigo!

– Letícia não é adepta de idéias religiosas. Os seus pais, por convenções, comparecem a esse ou àquele ofício. Não desenvolvem buscas nesse sentido.

– Mas não é de religião que falo. Contagiam-no idéias estranhas.

– Poupe-a, Maurício. Não lhe concedo o direito a qualquer observação inoportuna. Ela não merece o seu escárnio.

– Perdão, perdão! Digo asneiras em determinados momentos. Vendo-o sofrer, fiquei meio zangado com ela. Desconsidere essas tolices. Falo demais. Não consigo me corrigir.

Eduardo olhou-o cheio de simpatia. Alto, desajeitado, cabelos rebeldes sobre a testa. Nunca com as roupas bem compostas. Camisas bizarras, sapatos soltos, parecendo maiores do que os seus pés, calças largas. Mas fiel, doce amigo, pleno de gratuidade interior. Capaz de andar longas distâncias para estar com quem lhe solicitasse a companhia.

– Continue como é. Exatamente como é. Não queira se moldar às imposições de nossa sociedade. Os seus cabelos caídos, livres aos seus movimentos, resguardam as suas idéias brilhantes.

De inopino, Maurício atirou uma almofada no amigo.

– Pare, pare! Sou até meio obtuso. Desajeitado, sem modos...

– Honesto, sensível, inteligente...

Encaminhando-se para a porta:

– Se nada de útil tenho para fazer aqui, vou embora.

– Espere, espere, bom moço! Preciso lhe falar. Desafogar o coração. Fique, por favor.

– Pare com essas tolices ou vou embora.

– Está bem, não vou destacar a sua honestidade, a inteligência, nada, nada. Fique, pobre moribundo.

Abraçaram-se descontraídos, rindo deles mesmos.

– Professor Gustavo e Amélio Vaz Serra juntos? Vamos, fale-me o que sabe.

– Incursões nos caminhos do passado. O que lhe ocorre? Já ouviu falar a esse respeito?

O semblante de Maurício transfigurou-se.

– Incursão nos caminhos do passado... Integridade da memória... Consciente e inconsciente. O tempo supera nossas limitações. Essa realidade nos escapa, Eduardo. Nessas circunstâncias não podem ocorrer imperícias.

Eduardo estava perplexo. Jamais poderia esperar, exatamente de Maurício, aquela reação.

– O que se passa, meu amigo? Conhecemo-nos desde pequenos. Nunca o vi pesquisando a esse respeito.

– Freud. Pesquisei algumas de suas idéias.

– Freud? Aceitou-o após exames críticos, eu suponho.

– Existem conclusões controvertidas a respeito dele. Rejeitá-lo de imediato ou aceitá-lo por inteiro, sei que não seria de bom senso. Sei que Freud foi corajoso e conseguiu romper com os conceitos que considerou superados. Não hesitou em afrontar tradições e preconceitos que eram colocados como indiscutíveis.

– Concordo que ele foi indômito. Mas, pesquisá-lo por quê?

– Lembra-se de meus sonhos constantes?

Eduardo ficou pensativo.

– O picadeiro, o palhaço...

– Eu fui palhaço. Sei que o fui, Eduardo.

– De onde vem essa certeza, Maurício?

– Meu coração. Acima de tudo, o meu sentimento. Gostaria de reviver essas emoções. Voltar a saltar no picadeiro, fazer rir, alegrar as pessoas.

– Você nos alegra, Maurício. O seu gênio bom, sempre pronto a tornar brandas as lutas mais difíceis, nos alegra muito.

– Eu sei que sou meio palhaço. Faço rir, distraio as pessoas, mas algo fica indefinido. Como, então, nosso ilustre professor desenvolve pesquisas nessa área? Deve fazê-lo com absoluta fidelidade. Poderia ter-nos convidado, não acha?

– Se bem o conheço, ele não o faria. É muito discreto, ao mesmo tempo em que não existe alguém solícito como ele. A paciência nas aulas de Física e a sua boa vontade superam quaisquer expectativas. Professor Gustavo tem a capacidade ímpar de desencadear recursos das situações mais difíceis. Fala-nos sobre o que desejamos ouvir, Maurício.

– Mas estou profundamente interessado nessas pesquisas, Eduardo. E nunca soubemos!

– Mágico, eu sei que ele não é. Como iria adivinhar esse seu desejo?

– Vou procurá-lo o quanto antes. Poderíamos ir juntos!

– Não, não agora. Letícia precisa de todos os meus cuidados e atenções.

– Precisa de seus cuidados, mas não quer vê-lo ou ouvi-lo.

– Tem razão. Mas, o que fazer? Sei que ela me ama. Ama como a ninguém mais.

– E Camuca? Você mesmo afirma que se amam profundamente. Ela pode ajudar Letícia.

– É diferente, Maurício. Quanto a irmos falar com professor Gustavo, prefiro aguardar as conclusões do doutor Vaz Serra.

– São companheiros, esses dois homens respeitáveis de nossa

sociedade. Desenvolvem pesquisas, comprovam verdades... Estou ansioso para ouvi-lo. Você me permitiria participar dessas experiências com Letícia?

– Experiências com Letícia? Enlouqueceu, Maurício? Eu jamais concordaria com tal decisão!

– Os pais dela, Eduardo, decidirão, não você.

– Estou sem forças! Afastado do meu amor, isolado de qualquer possibilidade de ajudá-la, assustado com as possibilidades que surgem...

– Pense melhor, Eduardo! Em que o desânimo nos ajudaria? Se a ama, lute. E conte comigo!

– Obrigado, meu caro. Sua companhia me faz bem.

Ficaram imobilizados por longos minutos, pensativos, distantes.

– Teremos que esperar. Cultivemos paciência. Letícia, sua Letícia, merece o melhor. Confie em nossos amigos.

– Talvez eu esteja sendo rude, insensível, apressado. Intranqüilo quando deveria agradecer, Maurício.

– Não entendi. Por que rude?

– Estou com medo. O medo é um flagelo. Sob esse domínio, ficamos na defensiva. Desconfiamos, acusamos e não somos úteis.

– Nunca o vi assim. Pondere, Eduardo! Reaja!

– Preciso desabafar, Maurício! Estou com medo e rígido demais. Doutor Vaz Serra e professor Gustavo são excelentes amigos.

– Sérios e leves naquilo que fazem.

– Preciso confiar, confiar com toda a minha força. Eles nunca nos deram razões para desconfianças.

– Com a sua boa disposição, com certeza Letícia ficará bem.

– Preciso me cuidar. Você está certo. Vou lutar!

– Lutaremos juntos, Eduardo! Leia a carta de Mariana.

– É verdade, esqueci a carta.

A jovem Mariana confessava o seu amor e acusava saudades. Pouco o vira nos últimos meses. Os preparativos com a formatura, a vida profissional, vontades insatisfeitas. Lamentava a ausência e pedia-lhe procurá-la. Talvez saísse da cidade em busca de melhores oportunidades. Gostaria de ponderar com ele algumas idéias.

– Boa menina. Solitária, no entanto.

– Parece nos apaixonamos pelas pessoas erradas. Dificilmente acertamos.

– O quê? Você, falando de namoro, Maurício?

O jovem se mostrou assustado.

– Também tenho coração. O meu peito não é vazio!

– Mariana? Seria Mariana?

– Pare, pare, Eduardo! Não é hora para essas confidências!

– Maurício, nem sei se somos amigos!

Eduardo ficou surpreso. Maurício continuou:

– Quase nada sabemos um do outro. Você gosta de Mariana!

– Ela é apaixonada por você. Há anos se permite ter esperanças. O que fazer?

– Tentou dizer alguma coisa nesse sentido?

– Para quê, meu amigo? Ela só tem olhos para você. Vamos esquecer, por favor.

– Marcarei um encontro. Mariana merece respeito. Espero ser útil nesses momentos decisivos.

– Você o será, fique tranqüilo.

– Gostaria de estar alegre, leve e lhe oferecer sentimentos que a ajudassem a decidir muito bem.

– Sinceridade, meu caro. Seja franco e amigo e tudo vai dar certo.

CAPÍTULO 6

Descobertas

O jovem Maurício caminhava sem pressa. Algumas lágrimas se misturavam no seu rosto. Dor e alegria. Finalmente poderia expandir as suas pesquisas sobre Deus, a Vida, os homens e as suas relações eternas. Mas a jovem de seus sonhos iria partir e, por certo, não a veria mais. Naquele momento, ele não queria voltar para casa. O seu mundo era também a Universidade, mas, se a buscasse, não ficaria sozinho. Vagueou meio sem rumo, tentando disfarçar os sentimentos.

O pequeno rio de sua cidade, margeado de bons tratos, descortinava uma panorâmica acolhedora. Respirou fundo e se aquietou em um ponto discreto. Gostaria de soltar os pensamentos. Esvaziar-se de temores, nada reter. Lentas, amargas e alegres, as lágrimas cobriram-lhe as faces. O coração, antes opresso, começava a bater leve. Dedicar-se-ia às pesquisas atinentes aos valores eternos. Uma só existência parecia-lhe destituída de sentido. Impossível, conjecturava nosso jovem, entender e explicar tantas desigualdades em tão pouco tempo. Buscaria o ilustre professor e lhe pediria ajuda. Por certo, nessas vivências, encontraria razões para viver, lutar e ser feliz. Quem sabe, chegaria a entender por que amava sem esperanças.

Exatamente a mulher que o cativara amava o seu melhor amigo. Para tudo existiam razões e chegaria até elas.

Bem mais tarde, com passos tranqüilos, retornou à sua casa. Esquivou-se dos familiares e buscou repouso.

* * *

A Universidade compunha-se de inusitadas forças, belezas sem par no vai-e-vem de tantos jovens dinâmicos e alegres. Mariana olhava-os como que não mais fazendo parte daquele burburinho. Mas, gostava daquele enorme parque de boas e sérias realizações. Preocupava-se, um tanto, com as tentativas para se colocar profissionalmente. Ao mesmo tempo que se formar é compensador, pensava ela, torna-se desgastante pelas expectativas em relação ao futuro. Ficar na cidade ser-lhe-ia impossível. Conviver com Eduardo, sabendo-o ao lado de outra mulher, era-lhe desespero. Optava por não o ver nunca mais. Considerava mais fácil suportar a sua ausência longe dali. Absorta, não o viu chegar.

– Mariana, Mariana, estou aqui!

A voz soou-lhe como bálsamo. Voltou-se sem pressa. Queria interiorizar cada minuto daquele encontro. A camisa azul realçava os cabelos fartos, a tez bonita, os olhos fortes. Elegante. Eduardo era muito elegante. Nada se contrapunha nas suas roupas, gestos e risos. Aproximou-se lenta. Estendeu as mãos, beijou-o nas faces.

– Você está bem, Eduardo?

– Estou, estou bem, sim.

Não faria confidências a Mariana. Os seus desabafos a magoariam.

– Ficamos por aqui mesmo?

– Pode ser, mas busquemos um local mais tranqüilo. Sugere alguma coisa?

– O parque da Oceanografia é agradável.

– Boa lembrança! Vamos.

Eduardo, com enorme despojamento, estendeu-lhe a mão.

Mariana sentiu-se trêmula. Ele a percebeu embaraçada. Não querendo constrangê-la, seguiu à frente.

Pequeno lago embelezava o local. As águas transfundiam calma. A relva recobria-se por encantos.

– Gosto desses tons! Esses meses ser-nos-ão inesquecíveis, Eduardo. Mais alguns meses e nos despediremos de cinco anos de nossas vidas. Esses anos foram intensos. Um corre-corre sem fim. Pesquisas, sabatinas, provas, alegrias e decepções. Teria valido a pena?

– Mariana, caberia esse questionamento? Sua luta é enorme, mas gloriosa. Formar-se-á em alguns meses. O seu empenho foi reconhecido. Os professores, cativados. Você se descobriu muito talentosa na Arquitetura.

– Perdão, é um desabafo tolo. Desculpe eu lhe pedir essa conversa. Talvez seja a última de nossas vidas.

– Não seja amarga, por favor. Será a última se você quiser assim. Eu lhe quero muito bem.

– É melhor para nós dois que seja a última.

– Para você, é bom partir. Eu a entendo e respeito a sua decisão. Gostaria de ajudá-la, mas acabo lhe causando dor.

– Não, não, jamais você poderia ser dor ao meu ser. Eu o amo. Amo-o mais do que a mim mesma. Dor, não fale ser dor ao meu coração. A impossibilidade, o destino, sei lá a que atribuir, esses me causam sofrimento.

– Não saberia lhe explicar razões, mas não acredito em destino. Somos bem dirigidos por uma força superior.

– Pensei em procurar alguma coisa nesse campo. Preciso de boas razões para continuar lutando. Tenho-me sentido só. Os meus pais se foram cedo. Cedo demais. Ou teriam partido na hora certa? Eduardo, somos muito ignorantes em relação ao que nos acomete. Não quero continuar assim. Você está certo. Atribuir ao destino não deve ser lícito.

– Conhece o professor Gustavo, não é? Procure-o.

– Professor Gustavo? Procurá-lo por quê?

– Ele poderá esclarecê-la, procure-o.

– Conversamos, inúmeras vezes, na Biblioteca. Ele sempre me apoiou. Tem um bom humor invejável. Antes de partir, tentarei falar com ele.

– E que cidade escolheu para morar?

– O estado de Minas Gerais. O povo de lá me atrai. A arquitetura é aconchegante. A comida, simples e gostosa. Tenho algumas cidades a escolher, pensarei depois de visitá-las nas férias.

– A sua dedicação ao que faz vai lhe conferir êxito.

– Obrigada, meu príncipe encantado.

Por momentos, parecia-lhes a conversa terminara. Ficaram sem graça, dispersos, mudos. Eduardo se ergueu, deu alguns passos e se voltou.

– Gostaria de vê-la bem. Você merece ser feliz. Lutou quase sozinha.

– Quase. Você disse bem. Tia Rose me ofereceu a garantia de uma casa. Não tive um lar, mas não me faltou uma casa. Por meu trabalho na Biblioteca, estou cursando Arquitetura e cheguei à possibilidade de trabalhar naquilo de que gosto. Tenho amigos, bons amigos e amo você. Amá-lo, mesmo na impossibilidade de tê-lo para mim, é luz ao meu ser. Esse amor afagou noites que poderiam ter sido tristonhas, vazias, destituídas de sentido. Sem esse amor, eu seria frágil. Guardarei as lembranças para sempre. Nenhum outro será como você.

Eduardo olhou-a longa e meigamente. Amava-a como uma irmã querida. Muito querida.

– Busque-me se precisar. Se eu me casar com Letícia...

Ela não o deixou terminar.

– "Se"? O que significa isso? Brigaram? Estão afastados? O que houve?

Pensou, criteriosamente, antes de responder.

– Uma discussão tola, apenas isso, Mariana.

– Vocês se amam. Alcançarão o que almejam. Posso lhe fazer uma pergunta que me é extremamente importante?

– Fique à vontade, sempre fomos sinceros.

– Eu teria possibilidades caso algo se encerrasse entre vocês?

Novo silêncio. O jovem sentiu-se em dúvida. Mariana era meiga. Dedicada e sincera. Oferecia-lhe doces vibrações.

– Você merece o melhor e eu não teria condições de lhe dar o que deseja.

– Sua proximidade é tudo. Tendo-o ao meu lado, serei feliz, Eduardo.

– Não, Mariana. A intimidade só é possível com amor. Próximos e distantes. Quantos estão assim? Próximos, reunidos e separados. Milhares conhecem essa realidade! Próximos e felizes é o ideal.

– E não poderíamos alcançar esse estágio?

– Parece-me difícil. Eu seria um bom irmão, apenas isso. Você anseia por um amante, um marido dedicado.

Mariana se aproximou um tanto. Sentiu a respiração de Eduardo. O seu perfume lembrava madeira seca. As mãos acariciaram-lhe as faces. Irrefreável a vontade de beijá-lo. O jovem ficou paralisado. Despediam-se. Talvez um único beijo não fosse reprovável. Não reagiu. Suavemente, em princípio, e fortemente, na seqüência que o abraçava, Mariana tentou saciar as suas ânsias de carinho. Por minutos, ele pensou em Letícia. Quanta diferença! Ali existia uma entrega total, plena. Nenhum medo. Nunca beijara outra mulher. Letícia era única para ele, mas aqueles beijos lhe faziam bem. Embora não os desejasse, faziam-lhe bem. Naturalmente a abraçou, sentindo o seu corpo quente junto ao seu. Com Letícia, estava sempre cuidadoso, cheio de movimentos pensados, temendo o exagerado controle que lhe impunha. Mariana era sincera naquela entrega. As mãos de Eduardo estavam livres, sem amarras. Acariciou-a e sentiu enorme prazer naquelas carícias. Os beijos se multiplicavam levando-os a perderem a noção de tempo.

Mariana não queria interromper os abraços, pensar em coisa alguma. Abandonou-se àquele momento único e inigualável. Talvez não se repetisse nunca mais.

Abraçados sobre a relva, foram passando dos beijos e abraços ao silêncio. Por um longo tempo, ficaram silenciosos, um nos braços do outro.

Ela o olhou, beijando-lhe os cabelos, os olhos. Perpassou os lábios sobre os dele. Cheirou as suas roupas.

– Obrigada, querido amigo.

Ele acariciou os seus cabelos. Beijou-a no nariz.

– Deverei agradecer muito mais do que você. O seu carinho, nesta hora, foi muito bom. Foi útil. Dimensionou-me coisas que eu precisava entender e sentir. Não queira explicações, por favor.

– Quaisquer explicações empobreceriam este momento. Quero sentir, guardar no coração, não pensar. Eu sabia que seria muito bom. Obrigada. Guardarei essas emoções como presente dos céus.

Passou os lábios suavemente por suas faces e beijou-o várias vezes, longamente.

Mesmo amando Letícia como a ninguém mais, desejou Mariana. Fugir daquele prazer lhe custava. Há muito, ansiava carinhos. A fidelidade à eleita, na ausência de contatos, deixava-o mal. E, ainda por um bom tempo, deixou-se acariciar.

– Não estou sendo honesto. Estou lasso, inconseqüente...

Ela não permitiu que continuasse.

– Permita-se este momento! Conceda-me esses afagos! Nada tema! Eu precisava dessa vivência. São apenas beijos e abraços.

– E vontade de muito mais, Mariana...

– Esse mais não lhe posso conceder.

– Jamais tentaria qualquer coisa nesse sentido.

– Confio em você, Eduardo.

– Nunca pensei que a beijaria e que seria difícil sair desses abraços.

– Pensei em beijá-lo, mas julguei que seria escorraçada.

– E por quê?

– Esqueceu o seu compromisso com Letícia?

– Eu amo Letícia e não a esqueceria.

– Ela é feliz, mas parece que não o valoriza.

– Não depende de querer, é preciso ser capaz. Mas não falemos disso.

Eduardo estava surpreso com a sua própria reação. Prazer nos braços de Mariana era-lhe experiência que não esperava viver. Mas deveria confessar que lhe fora natural vivê-lo. Palavras seriam desnecessárias e, no tempo hábil, ergueram-se para partir.

Capítulo 7 Amizade

Vaz Serra abraçava o ilustre professor Gustavo. Relembrando emoções, os dois caminharam ao longo dos parques da Universidade.

– Quase nada mudou nesses quarenta anos, Gustavo!

– Vaz Serra, ocorreram transformações que quase descaracterizaram esta Universidade, mas o seu carinho por este espaço o leva a buscar o que ficou intacto.

– Enormes transformações? Não as identifiquei de imediato!

– Observando melhor, poderá vê-las com facilidade.

– Este parque de pesquisas sempre foi bom. Muito aprendi com nossos mestres.

– E a que devo a sua agradável visita?

– Não queria incomodá-lo no seu percurso profissional, mas estou um tanto pensativo.

Pausadamente, Vaz Serra falou-lhe sobre Letícia e Eduardo.

– Esse jovem é dos meus melhores alunos. Destaca-se, igualmente, pela simplicidade. Terei prazer em conversar com os pais de nossa jovem. Só a compreensiva aquiescência deles poderia conduzir-nos a essa vivência.

– Conversarei com eles. Há mais de vinte anos aceitaram-me como médico e amigo.

– O respeitável médico da família ficou distante. Há uma relação bastante diferente, nos dias atuais, entre o paciente e o médico.

– A especialidade, de certa forma, distancia possibilidades de calor humano, de trocas desencadeadoras de bons frutos. Mas, e as pesquisas em relação à memória? Considera que os avanços nessa área são satisfatórios, Gustavo?

– Vaz Serra, o nível das abordagens se aprofunda consideravelmente. É inimaginável o acervo existente nos arquivos do ser humano!

– Os dados, nesse arquivo que chamamos memória, devem diferir bastante de uma para outra pessoa. Quantas riquezas!

– Aprendemos que, quanto mais vasto o arquivo, mais ímpar a inteligência.

– Não só a inteligência como o sentimento, Gustavo.

– Sem dúvidas, caro amigo.

– Como negar que somos um acervo de conhecimentos? As evidências têm crescido e os avanços tecnológicos e científicos permitem comprovações. Precocidade intelectual, gênio, inclinação inata para aspectos específicos do conhecimento ou da habilidade são constantes.

– Os seus estudos na área científica, fascinantes como sempre, devem lhe trazer boas conquistas.

– Hoje, mais do que nunca, a Doutrina dos Espíritos esclarece o meu coração. Por muito que a ciência materialista se esforce para explicar a inteligência, em geral, e as aptidões, em particular, baseando-se em dispositivos de natureza genética puramente hereditária, a verdade é outra.

– De pleno acordo, Vaz Serra! Filho de gênio raramente é gênio.

– Gustavo, homens medíocres geraram gênios. Impossível negar a importância do corpo físico no processo evolutivo, mas ele não é tudo!

– As pesquisas que nos levam a concluir que a memória integral de cada um é incorpórea nos conduzem a avanços significativos, amigo.

– Os seus estudos na área da Física devem ajudá-lo, Gustavo.

– Inegável o avanço da Física, mas a maior contribuição vem da Doutrina Espírita. A Codificação fornece-nos vasto material para estudo e o campo prático é extenso. Há segurança nos fundamentos dessa Doutrina.

– A sua experiência diria que Letícia é um caso para regressão de memória?

– O ser humano precisa ser tratado como um todo. Imaginá-lo um conglomerado celular é tolice. Muitos problemas humanos são de natureza espiritual e não biológica. Ao abordarmos o ser humano, é importante esse reconhecimento, Vaz Serra. Deverei analisar cuidadosamente a vivência dessa jovem para chegar a uma conclusão segura.

– Espero que os meus amigos, Carmem e Augusto, não afeitos aos temas concernentes a Deus, entendam que a verdade não precisa de justificativas.

– Vaz Serra, a verdade simplesmente é. Não existe condição de continuarmos a ignorá-la. Esses acontecimentos serão úteis a quantos estejam envolvidos.

– Gustavo, parece-me que Letícia imergirá nas suas vivências com facilidade.

– Por suas narrações, percebi que as emoções vividas estão muito próximas. Estejamos atentos à participação dos pais de nossa jovem.

– O apoio de Eduardo poderá ser útil. Eles se amam profundamente.

– Que se una aos nossos estudos! E quando poderei visitar Letícia?

– Tentarei falar com ela ainda hoje. Estou bem mais tranqüilo.

– Vá em paz! Transmita-me notícias o mais rápido possível.

Vaz Serra ficou largo tempo meditativo, enquanto o ilustre professor se afastava rumo aos seus afazeres. Respirou fundo e agradeceu a Deus a excelente relação que aprofundava com o querido amigo.

* * *

Letícia retocava os cabelos esparramados sobre os ombros. Melancólica saudade dominava-lhe o coração. A presença de Eduardo impregnava seus aposentos, muito embora ele nem os conhecesse. Pensar lhe parecia extenuante. Doía-lhe a cabeça. Sentia náuseas e sonos repentinos. A porta se abriu abruptamente.

– Renata! Você! Está zangada?

– Pensativa. Não, não é pensativa. Estou indignada!

– Desentendeu-se com mamãe? Seja complacente, eu lhe peço. Meu estado de saúde a preocupa. Mamãe não é como papai. Ele é mais confiante. Venha, sente-se aqui.

– Prefiro ficar de pé. Não vou demorar. E o seu namoro? Aqui em casa, é um cochichando com o outro. Querem me esconder o óbvio. Sei que você e Eduardo terminaram e ninguém teria que me dizer isso.

– Espero rever o meu amor. Quem sabe, poderei ficar boa. Amo-o, Renata. Amo-o acima de tudo. – Os anseios fizeram-na respirar fortemente, levando-a a tremer. Renata julgou-a tola e, pensou consigo mesma: Engana-se ao pensar que Eduardo a ama. – Eu vencerei a fragilidade que me acomete. Mais do que nunca, lutarei para me tornar forte.

Renata não a ouvia plenamente. Irritada, queria se livrar do que sabia. Queria afastar-se da ingenuidade de Letícia.

– Amar a quem busca outras mulheres é covardia. Ele não a merece!

– Renata, que grande tolice! Quem a feriu para que ficasse assim?

– Vi Eduardo junto com Mariana.

– Mas são amigos! Conhecem-se desde a adolescência...

– Havia intimidade entre eles. Intimidade, ouviu bem?

– Intimidade!? Que tipo de intimidade?

– Mãos dadas! – quase gritava, levando Letícia a estremecer. – Vi-os por momentos. Pensei que estivessem apenas caminhando rapidamente no parque da Universidade.

– E o que fazia no parque da Universidade?

– Fábio estuda Engenharia, esqueceu? Onde você está com a cabeça?

– Perdão, eu esqueci, perdão, Renata!

Letícia estava lívida, quase desfalecente.

– Eduardo deveria estar conversando amigavelmente com ela. Mariana é de boa índole.

– Não confie tanto! Eu me distraí com Fábio e, quase duas horas depois, vi-os deixando o parque. Conversa longa, não acha?

– Chame Camuca, por favor.

– Não se sente bem?

– Chame Camuca e deixe-nos a sós. Por favor, não repita essa conversa com ninguém.

– Ficou zangada comigo? Eu quis protegê-la, apenas isso!

– Não estou zangada. Vá, chame Camuca. – Um suor frio cobria-lhe o corpo. Estranho medo crescia no seu coração. – Não fique aí parada!

– Perdão, eu vou chamá-la.

Jogou-se na cama em grande desalento. A serviçal abraçou-a um tanto aflita.

– Renata é infantil. Não lhe dê atenção! Contou-me tudo.

Letícia estava absorta, mas tentou responder:

– Minha irmã é mais forte do que eu.

– Esqueça o que ouviu. Nosso jovem Eduardo é um rapaz respeitoso. Deu-lhe as maiores demonstrações de amor. Não vacile.

A serviçal puxou-a para o seu colo. Beijou-lhe os cabelos, apertou-a nos braços.

– Estaria me traindo? Mas quem poderia criticá-lo? Não lhe dou o que merece. Deixo-o insatisfeito, triste, sem explicações plausíveis. Gostaria de cobri-lo de beijos. Ser como as outras jovens, sadia, amorosa...

– Essa emoção será transformada, confie! Deus não abandona. Minha menina ficará curada.

– Curada... Você sabe o que tenho? Seria loucura?

– Cale-se, menina! Não se maltrate!

– Não, Camuca, não me peça calar. Quero gritar essa vergonha.

– Vergonha? Como vergonha?

– Amo Eduardo e odeio o seu contato. Perco a respiração quando ele me toca. Tenho ímpetos de matá-lo. Possuir-me, nunca!

À proporção que expunha a sua dor, o coração sangrava. A voz alterada, o peito arfante, corpo frágil. Lentamente, afastou-se da serviçal. Camuca tentou segurá-la, mas foi em vão o seu esforço.

– Tente se acalmar, minha filha.

Raramente Camuca a chamava daquela maneira. Na verdade, nem se lembrava de quando a tratara assim. A reação fora imediata e surpreendente.

– Filha? – Os olhos encharcados de lágrimas, as faces molhadas. – "Minha filha"? Filha de Camuca, de Camuca.

– Perdão, minha menina. Sua dor atinge o meu coração. Pudesse, eu a arrancaria desse sofrer.

As mãos trêmulas e frias de Letícia acariciaram-lhe as faces. O olhar perdido em algo que Camuca, naquele momento, não seria capaz de entender.

– Você, minha mãezinha... Não sou eu quem sofre. Você, mãezinha, sofre mais do que eu. Mas vou protegê-la. Ele não vai lhe fazer mal. Protegerei você, não tenha medo.

Imóvel, a serviçal não sabia o que fazer, mas ficava-lhe evidente que alguma emoção desconhecida emergia naquela hora. Aos poucos, Letícia parecia-lhe mais presente.

– Quer um chá?

– O que mesmo eu lhe dizia? Minha cabeça parece vazia.

– Quer respirar um pouco lá fora?

– Não, não, fiquemos aqui. Não se afaste. Eduardo, falávamos dele... Renata o viu... Mariana estava com ele... – Letícia pensava alto. – Pode alguém não gostar de abraços, carinhos e beijos? Camuca, você me viu nascer. Como foi o meu parto? Mamãe sofreu muito?

– Sua mãe foi feliz com o seu nascimento. Não existe dor quando amamos. O seu parto foi um pouco demorado, mas foi normal. Doutor Amélio não deixou dona Carmem um minuto sequer.

– Ele quer me ajudar... Conseguirá? Quantas incertezas! Por onde andará o meu amor? Acreditaria que o amo acima de tudo? Mas como poderia crer, não lhe dou segurança! Sinto-me mutilada, infeliz, vazia.

– Letícia, vamos fazer uma prece?

Fitou-a suave, ares de segurança no semblante. Com vagar, estendeu-lhe as mãos.

8

Capítulo

Confissão

Como poderíamos descrever a prece, Camuca? Profundo bem-estar me toca a alma. Obrigada. Você sempre consegue me pacificar.

– Conversar com nosso Pai é um grande bem, Letícia. Pena que você não faça isso como devia.

– É, quase não o faço.

– Temos que alimentar o corpo e a alma.

– Camuca, você acredita que, se eu fizer preces a cada dia, ficarei melhor?

– Não tenho a menor dúvida.

– Vou convidar os meus pais. Eles precisam tanto quanto eu desse estado d'alma.

Como a adivinhar a intenção de Letícia, dona Carmem bateu à porta.

– Vai ficar trancada o resto da vida? O sol está lindo, minha filha. Saia um pouco. Vai lhe fazer bem.

– Obrigada, mamãe. Vou aceitar a sua sugestão e espero que lhe seja agradável o meu convite.

Carmem Santoro retraiu-se.

– Convite? Vai querer sair? Não me parece forte o suficiente para caminhar. Falei do sol, mas pensei em nosso jardim.

– Gostaria de compor, com a senhora e papai, um grupo de estudo e prece. Camuca participaria também. Ah! E doutor Amélio.

O espanto não poderia ser maior. Carmem Santoro tentou disfarçar.

– Teríamos tempo para isso? Os seus estudos são fundamentais. Não poderíamos prejudicá-la.

– Daremos um jeito, mamãe. Doutor Amélio está certo. Não somos seres transitórios? Nossas lutas e conquistas terminariam com a morte?

– Sugestionou-se, Letícia? Não me parece tão válido, ou admissível, o pensamento de nosso médico. Só pode ser a idade! Ele já foi bem mais coerente! Identifico-o com manias e crendices inúteis! Uma coisa sei: mexer com o que está quieto não dá certo.

– O que estaria quieto? O Universo é vibração, ressonância, interação! Nós é que estamos rotineiros, mamãe! Contentamo-nos com muito pouco.

– Letícia, se a descobrir perturbada com as idéias de doutor Amélio, ele será proibido de nos assistir.

– O que teme afinal, mamãe? Que mal haveria na possibilidade desse encontro?

– Desaprovo-o, Letícia. Sua fragilidade me assusta. Chega a ser perigoso expor-se a essas idéias absurdas, sem nexo!

– Sua obstinação não tem limite. Pense um pouco e conclua com mais ponderação, mamãe, por favor.

– Um assunto como esse não merece análise. E não sugestione o seu pai. Ele é frágil. Apreensivo com o seu estado, tentará agradá-la. Proíbo-a de fazer qualquer alusão nesse sentido!

Apesar de frágil, nossa jovem expressava-se muito bem, como que tocada por estranha suavidade. Camuca acompanhava o diálogo com grande interesse. Sentia-se feliz e esperançosa. Finalmente, aquela casa se abriria para o convívio com a fé e suas benesses. Pausadamente, Letícia continuou:

– Sei que, inúmeras vezes, quando éramos pequenos, a senhora pensou em sua avó, querendo ajuda.

Carmem Santoro embranqueceu.

– Quem lhe disse? Só pode ser o seu pai!

– Papai? Engano seu, mamãe. Nunca conversamos a esse respeito.

– Cessemos essa conversa inútil. Tenho coisas a fazer, com licença.

– Mamãe! – A jovem olhou-a com uma segurança que não lhe era natural. Carmem percebeu-lhe a transparente calma e vacilou, ficando estática. – Não continue a fugir! Saia da acomodação e lute por sua liberdade interior.

Um silêncio emergiu forte. Sob uma emoção nova, Carmem Santoro se afastou pensativa. Ela poderia afirmar que sentira o perfume seco que sua avó usava.

– Menina, você está bem?

Sem pressa, passando a mão pelo rosto, a voz agora mais fraca, Letícia concluiu:

– Não fui eu, Camuca. Mas, o que aconteceu? Eu me senti forte.

– Não foi você, eu sei, minha menina.

– Explique-me, Camuca. Fui me sentindo diferente, mais calma, segura e, por que não dizer, feliz.

– Sua bisavó estava entre nós.

– A bisa Rosália? Eu seria capaz? Pode ocorrer assim, sem aviso?

– Aviso!? Ela chegou na hora certa. Graças a Deus! O perfume que dona Rosália usava estava forte.

– Infelizmente, não tenho a sua sensibilidade, Camuca.

– E como explica o que lhe aconteceu? Foi muito natural. Você é sensível.

– Deixemos as explicações por conta de doutor Amélio. Vamos ao jardim?

– O sol vai fazer bem ao seu coração.

– Meu coração é como um grande sol de amor, todo ele é para Eduardo! – Parou, riu suave, afagou Camuca – Vou conseguir vencer essas fragilidades. Ficarei com o meu amado!

Sob o sol, as amigas conversavam. A presença de Rosália transfundira novas forças a Letícia. Um halo de meiguice permanecia no ar. A bisavó de nossa jovem, espírito amoroso e forte, dedicada e solícita, iniciaria um trabalho com os seus amados. Ali mesmo, no jardim, permanecia com Romão, assistente imediato de serviços na Terra.

– Confiante, não, dona Rosália?

– Muito confiante, Romão! No trabalho com Deus, o que contamos são bênçãos. Quanta indiferença quando nos julgamos abandonados e infelizes nas estradas da vida! Desde que aprendi a olhar com os olhos do amor, não parei de assinalar a proteção divina. Veja, Romão, a oportunidade que me é oferecida transcende a possibilidade de agradecimentos. Desdobrarei recursos e não só pelos amados, mas a quantos puder ser útil.

– Sua bisneta tem sensibilidade. Ela será mesmo a intermediária nesses contatos?

– Não estamos agindo por conta própria. Há um planejamento muito bem ordenado que me coloca na possibilidade dessa comunicação. Ela também poderá ajudar-nos.

– Algo poderia dar errado?

– Sem vigilância e dedicação sincera, ideais não se concretizam e, sim, permanecem na paisagem dos sonhos. Há mais de quinze anos, cerco os familiares com os cuidados atinentes ao ser eterno.

– Dona Rosália, sou um atendente simples. Há menos de dois anos, fui designado para essas tarefas, que busco cumprir com honestidade. Preciso aprender, quero aprender. Estou desencarnado há dez anos e parte desse tempo se esgotou no apego às minhas próprias histórias. Temia pelos amados que ficaram à retaguarda, cego, impossibilitado nas minhas tensões e angústias. Fiquei feliz quando a encontrei. Enorme simpatia tomou-me o ser. Ajude-me. Se perceber má vontade ou preguiça em meus atos, ampare-me, por favor.

– Romão, não existe casualidade. Mãos sábias nos colocaram nessas tarefas. Faremos um bom aproveitamento, não tenha dúvida.

– Corrija-me percebendo falhas, oriente-me quanto ao que é mais exato. Preciso transformar minha ignorância. Fui o homem comum que se julgava santo. Por apenas cumprir deveres comezinhos, pensava estar salvando a humanidade. Arrogante, impositivo, incrédulo e ambicioso. Abusei demais, dona Rosália.

– Não se fixe demais nessa realidade. Conte, agora, cada minuto e transforme o sentimento. Oportunidades não faltam, aproveite-as.

– Nem sempre me confidencio como fiz agora. Sua simpatia e brandura me contagiaram. Obrigado.

– Fiquei à vontade. Temos tempo. Augusto chegará em mais ou menos meia hora. Deverei orientar Letícia na conversa com o pai. Enquanto aguardamos, façamos a nossa análise íntima.

– Fui advogado e deixei-me dominar pela ganância. Sempre preocupado com riquezas, facultando excessos à família, arrojei-os em meandros que poderiam ter sido evitados. Fui o rei das teorizações e desrespeitei o que deveria dignificar. Felizmente, um câncer voraz me impactou, conduzindo-me a realidades amargas, contudo úteis.

– Quantos de nós sucumbiram nos enganos e apegos materiais, Romão!

– A senhora não me parece identificada com a ganância ou quaisquer desses estados mórbidos.

– Não me isente, Romão. Se há cinqüenta anos iniciei a luta por meu crescimento espiritual, não foi sempre assim. O meu coração, tal qual o seu, andou enredado nas distorções do caráter. Apliquemo-nos agora. Bem aproveitar o tempo é sabedoria que garante êxito.

– Em especial, o seu trabalho se desenvolve em que área?

– Família. Exatamente o que negligenciei um dia.

– Considera fácil essa vitória? Harmonia familiar não é comum.

Rosália olhou-o como a lhe dizer que não entendera a pergunta.

– Explique-se melhor, Romão.

– Eu quis me casar. Amava Nanci e com ela idealizei filhos.

Por vontade do destino, tive-os como sonhara. Olhos azuis, cabelos claros, muito claros, pareciam anjos. Inteligentes e saudáveis. Nanci era a mulher que excedia as minhas expectativas. Carinhosa, bonita, pronta a atender aos meus anseios mais secretos. Tudo era para eles. Esqueci os meus pais, pouco os visitava. Limitava-me a lhes enviar moedas que julgava tudo. Exorbitei, mesmo nos serviços que prestava a clientes simples, que um dia desprezei. Na verdade, constituí uma clientela especial, seleta por ter riquezas. Desarvorei-me com as bondades que Deus me concedeu. A correção foi severa.

– Romão, a correção não foi severa e, sim, benigna. E não existe destino. O planejamento para o retorno à Terra é meticuloso, justo, sábio. Em família, o esforço precisa existir em todos os corações. Os filhos não estão isentos de esforços e dedicação para que se alcancem, em família, os frutos sazonados do amor.

– Dominei-os. Um domínio cheio de mimos e vontades bem atendidas.

– E gostaram. Permitiram a sua vontade, Romão.

– Que bom que me colocaram com a senhora! Ouvir a verdade é dignificante. Eu me torturei por vários anos. O câncer me devorou as entranhas em menos de cinco meses. Pegou-nos desprevenidos. Estávamos idealizando uma viagem à Europa e fazíamos exames normais de saúde. Nosso clínico surpreendeu-me pedindo cancelar o passeio. Gritei-lhe impropérios, afirmei que os exames haviam sido trocados, fiquei indignado. Não admitia que algo ruim pudesse acometer-me.

– O seu descontrole acelerou o desencarne. Sem as bênçãos da fé, precipitamos acontecimentos. – Romão beijou-lhe a mão num gesto inesperado. Inesperado a ele mesmo. Rosália acordava-lhe ternuras. Recôndidas ternuras. Novas forças, diferentes alegrias. Acolhia as suas palavras, o olhar, os gestos com receptividade sem par. – Temos muito para refletir. Não lhe disse que não há acaso?

– Nunca me senti como neste momento. Nenhum esforço será demais para aprender com o seu coração amigo. Agradeço a Deus esse encontro, amiga Rosália.

– Poderemos trabalhar aprendendo o que nos é necessário em relação à família.

– Preciso como ninguém, dona Rosália!

– É engano seu, Romão! Poucos sabem constituir família nas bases reais do amor. O mais comum é uma reunião de pessoas a exigirem umas das outras, além do que elas mesmas querem oferecer. Reunidas e distantes. Impositivas, indiferentes e mesmo agressivas.

– Dona Rosália, e qual seria o fundamento indispensável ao crescimento da família?

– A fé, meu amigo. Esse sentimento sincero que reconhece Deus em todas as coisas. Essa busca respeitosa da paternidade divina. O reconhecimento de si e do outro como filhos de Deus, seres eternos. Os homens não se esforçam por uma relação com o Criador. Fogem da realidade da Vida. Ausentam-se deles mesmos, como espíritos em marcha evolutiva que carecem de esforço, e sonham apenas com o reino transitório da Terra. Sem uma relação sincera em que dimensionem a eternidade, afastados dos princípios educativos da Lei, cristalizados no apego, como ser feliz, entendendo o que é família?

Romão ficou muito pensativo. Por fim:

– Quantos apegos, enganos, inversões...

– Sérias inversões. É necessário um afinco muito grande para alcançarmos a justa colocação de cada coisa, Romão.

– Pais despreparados gerando filhos que não estão aptos a educar. Um círculo negativo nesse sentido.

– Mas sabemos que a Lei é educativa acima de tudo.

– Parece complexo demais! A tal ponto que não irei entender...

– Calma, meu amigo. Muitos dos filhos de Deus colocados na Terra já se redimiram, o que patenteia que a Lei é proteção, esclarecimento e conduz a crescimento. Interiorizá-la é indispensável.

Romão estava um tanto ansioso. Aquele tema era o que mais lhe interessava.

– Ajude-me a entender para que eu consiga lutar melhor. Minhas frustrações nesse sentido são enormes. Parece-me essas dificuldades são insolúveis. Pais hoje que foram crianças ontem e não puderam aprender porque os pais não sabiam. Confuso! Quando terminará essa seqüência de ignorância e irresponsabilidade?

– Para você, quando o seu coração se dispuser a estudar e exemplificar a Lei Divina.

– Essa vontade já vai se transformando em realidade. Tenho me esforçado e sou sincero. Lutarei quanto for preciso.

– Então, você já rompeu essa seqüência de desajustes. É fundamental começar com boa vontade. A seqüência do processo evolutivo pede dedicação e força de vontade. Não basta querer e decidir. Sustentar o ideal é árduo. Não é na simples opção que se encontra a realização plena. Dia após dia, atos concretizam ideais. Acerque-se dos mesmos que lutam e tenha vigilância com as teorizações excessivas.

– Fui um grande teórico. Hoje, anseio ser um simples operário e não consigo.

– Você está conseguindo. Há quase dois anos, ao que me disse, está nesse esforço. Valorize-se e prossiga.

Romão sorriu olhando-a amorosamente.

– Eu não tinha mais vontade de sorrir. A sua presença me desperta alegria. Como é bom estar diante de alguém que acorda nossos sentimentos positivos! Deus lhe pague, dona Rosália.

– Não me agradeça. Fiquemos próximos, unidos e façamos deste reencontro uma razão profunda de amor.

9

CAPÍTULO

Decisões

Augusto Santoro estacionou o carro sob o olhar carinhoso de Letícia e veio-lhe ao encontro, feliz pelo muito que a amava.

– Estarei enganado ou você está mais bonita? Há um halo de paz ao seu redor. Seria o sol ou as flores que compõem este jardim?

Abraçaram-se fortemente, rindo, quais crianças travessas.

Estranha emoção invadia o peito de Augusto Santoro. Teve vontade de segurar a filha para sempre em seus braços. Indescritível e inusitada alegria dominava-lhe o coração. Camuca percebeu que deveria deixá-los. Sem o menor ruído, saiu, enquanto pai e filha prosseguiam no abraço.

– Que bom estar ao seu lado, papai!

– Você está diferente, minha filha. O sol lhe fez bem.

– Não é apenas o sol. Tomei decisões, papai. Sérias decisões e preciso de sua compreensão e apoio.

– Em relação a Eduardo? Em quaisquer decisões, sabe que estarei ao seu lado.

– Não é Eduardo, paizinho. Somos nós. O senhor, mamãe, meus irmãos. Que família compomos, já analisou? – Augusto retraiu-se quieto, mas profundamente receptivo. – Falta-nos o essencial, papai. Impossível viver sem a fé e as alegrias que nascem do convívio com Deus. – Lágrimas surgiram leves. Ele sentia alívio naquelas palavras. – Prosseguir indiferente é cruel a nós mesmos. – Rosália tocou-lhe os cabelos embranquecidos, as faces precocemente marcadas. O pranto, antes discreto, irrompeu farto. Letícia preocupou-se. – Paizinho, não se sente bem? Magoei o seu coração? Busco o nosso bem, acredite, paizinho!

– Eu não saberia explicar o que sinto. Saudade, alegria, melancolia, felicidade. Paira alguma coisa estranha neste jardim, Letícia. Que encanto é esse? Há muito tempo, não me sinto nesse estado de alma.

– Seja o que for, ou quem for, é bom e devemos, mais do que respeitar, amar este momento.

– Vamos nos sentar, por favor. – Um longo silêncio, mas profunda cumplicidade entre eles. – Eu estava precisando disso. Tenho me sentido cansado, muito cansado. Anseio algo que supere essas expectativas comuns, triviais, rotineiras. Tantas vezes pensei em buscar rumos novos...

– E por que desistiu?

– Nem cheguei a começar. Tão-só expunha minhas idéias à sua mãe, mas nunca tive apoio para qualquer movimento nesse sentido. Carmem afirmava, categoricamente, que buscar caminhos através da fé é afastar-se das obrigações profissionais e familiares que nos competem.

– Deixou-se dominar pelas fragilidades e apegos de mamãe. Se tivesse tentado, quem sabe conseguiria vencer-lhe a resistência?

– Você tem toda razão. Eu me acomodei. Razões não me faltaram para procurar as verdades de Deus. Doutor Amélio me alertou várias vezes. Fui fraco.

– Convidava-o para os seus estudos?

– Não, não, ele é muito discreto. Mas ponderava comigo sobre a importância da educação infantil, a postura perante a família e a relação com Deus. Quanto eu poderia ter contribuído para a educação de vocês, se tivesse sido atento!

– Lamentar não leva ao que precisamos agora, paizinho.

– Você está bem, minha filha? Não, não é isso que desejo lhe perguntar. O que está acontecendo com você? Sinto-a diferente.

– Camuca disse ter sentido o perfume da bisa Rosália.

– Dona Rosália!? Seria ela, meu Deus? Esse coração generoso foi muito mais do que a mãe de minha sogra, foi uma grande amiga. Sei que me acolheu como a um filho muito amado. Gostaria de vê-la, ouvi-la, poder lhe falar. Confessar-lhe a enorme dor que me tomou a alma quando ela partiu. O vazio que cresceu na ausência de sua compreensão sem limites.

Dona Rosália enxugou algumas lágrimas. Romão abaixou a cabeça comovido.

– Eu não saberia lhe explicar o que se passa, mas estou tranqüila, confiante. Com uma grande vontade de lutar.

– Percebe-se claramente a diferença. Sua segurança, neste instante, é notável, transparente, boa. Dona Rosália voltou...

– Ou nunca teria ficado longe?

– Minha filha, somos dois leigos falando sobre coisas sérias. Eu não sei quais as responsabilidades que cabem aos mortos.

– Mortos, papai? Não existe morte!

– É força de expressão, apenas isso. Que bom sermos eternos e abençoados pelo amor divino!

– Precisamos estudar, papai. Sobre isso quero lhe falar. Podíamos buscar o apoio de doutor Amélio, pedir-lhe estudar conosco.

– E onde faríamos isso, filhinha?

– Aqui, papai. Em nossa casa. Existiria um lugar melhor?

– Letícia, minha filha, e sua mãe? Jamais concordaria!

– A casa é nossa também, não se esqueça.

– Iríamos aborrecê-la profundamente. Acabaria sendo ruim. Suportar as cobranças seria difícil. Sua mãe, quando contrariada, fica agressiva, rebelde. Não gostaria de desistir desta vez, mas aqui em casa?

– Falaremos com doutor Amélio. Com bom-senso, tudo dará certo.

– Que dona Rosália nos ajude!

– A bisa veio para isso. Conseguiremos, paizinho.

– Vou ligar para nosso querido amigo e pedir-lhe essa conversa. Gostaria de ir comigo?

– Gostaria, sim. Preciso sair um pouco. O sol está lindo.

– Aguarde o meu telefonema e torça para que dê certo.

Letícia ficou só. Ergueu-se e deu alguns passos pelo jardim. Tudo lhe parecia diferente. Parando junto ao pé de camélia, começou a falar: "Bisa Rosália, só pode mesmo ser você. Lembro-me de sua lucidez e carinho aos oitenta anos. Atendia a quantos precisavam de ajuda. Uma fé que transpunha barreiras e edificava onde outros desacreditavam existir recursos. Sua proximidade, embora não tão freqüente, foi decisiva ao meu coração. Obrigada, querida bisa. Amo você muito, muito".

Augusto, um tanto ansioso, ligou para Vaz Serra. Sentia-se invadido por nova vida.

– Doutor Amélio, estamos sob o impacto de decisões muito sérias e precisamos de sua ajuda.

Com vagar, selecionando palavras, procurou destacar, como se o amigo não soubesse, a importância das novas determinações que estava disposto a assumir. À pequena distância, Carmem Santoro, que viera ao encontro do marido, estancou os passos enfurecida.

– É patético, Augusto! Não permitirei desrespeito em minha própria casa!

Vaz Serra, mesmo distante, ouvia as palavras rígidas que se elevavam asperamente no ar. Percebeu ser impossível prosseguir e, para não constranger Augusto, desligou. Lentamente, o telefone voltou ao gancho.

– Nosso bom amigo não merece o seu descrédito, a sua agressividade. Lamento, Carmem, mas desta vez não a atenderei. Faremos as reuniões aqui, nesta casa.

– A opção lhe cabe. Ao fazer essa escolha, ficará sozinho. Não vacilarei um minuto. Tenho a casa que foi de minha avó. – Ao seu pensamento, voltaram as palavras da filha. Estaria a sua avó amada buscando protegê-la das inconseqüências do marido? – Irei embora! É só o que me cabe em circunstâncias lamentáveis como esta. Quando o meu coração esperava o seu amadurecimento, dias mais nossos, viagens a que temos direito com o crescimento dos filhos, você dá sinais de desequilíbrios. Letícia corre sérios riscos, frágil qual a vejo. Amélio Vaz Serra excedeu limites. Não poderia estar bem mesmo, envolvendo-se com essas buscas descabidas. Mexer com os mortos! Eles não estão precisando de nossas interferências. Deixe-os em paz!

Augusto, agora, estava sob a intervenção de Rosália. A indignação cedera espaço à confiança. Não o envolvia qualquer sinal de nervosismo.

– Faça o que lhe aprouver, Carmem. Não tentarei detê-la. Nossa infância terminou há muito tempo. A juventude vai longe. Completei sessenta anos, preciso expressar maturidade nos meus atos. Como lhe aprouver, fique à vontade.

A matrona surpreendeu-se, mas não quis dar ares de surpresa.

– Hoje mesmo farei uma vistoria na casa de vovó Rosália. Fechada com está, por certo, precisa de reparos.

– Precisa de reparos quanto nós mesmos. Mais velhos, o peso superior ao que gostaríamos, a alma cansada...

– Posso ter envelhecido, engordado e os defeitos mais que desejar destacar, mas não estou cansada. Sinto-me bem disposta a refazer minha vida.

– Essa disposição, eu a tenho. Mas que os caminhos sejam realmente novos. Ao meu coração, chega de repetições tolas. Anseio viajar por outras dimensões. Conhecer realidades da Vida eterna, Carmem.

– Ficamos curvados aos deveres cansativos que a família impõe. Os filhos são desgastes seqüentes, ininterruptos. Febres, ma-

madeiras, escola, tarefas para casa, dentista, parques infantis com pirraças e aborrecimentos. Sem falar de Letícia, que exigiu, com as suas esquisitices, mais do que eu poderia suportar. Quero, tanto quanto você, uma nova vida. Mas aqui, não nesse suposto Além. Prometeu-me um cruzeiro pela Grécia, esqueceu? Após a recuperação de Letícia, poderíamos viajar. Pense melhor, Augusto. Valeria jogar fora essas possibilidades boas e descontraídas?

– Parece não trilhamos a mesma estrada, Carmem. A família é alegria ao meu ser. Trabalhei com fidelidade para preservá-la. Os choros noturnos, inúmeras vezes, me levaram a agradecer por eles existirem. Chorei e sorri nas festinhas escolares e lamentei não poder participar mais e melhor quanto gostaria. Os parques... – Abstraiu-se, lágrimas vieram imediatas. – Como esquecer as suas intransigências quando eles queriam tirar os sapatos, quando derramavam sorvete na roupa e corriam suados, sob as roupas novas, decepcionando-a? Que esse tempo, Carmem Santoro, jamais desapareça! Ele foi muito feliz! – Após uma pausa mais longa. – Faça o cruzeiro com suas amigas.

– Não tenho amigas confiáveis!

– E não poderia ter, minha filha. Desconfia de quantos a cercam.

Interrompeu-o enfurecida:

– Detesto quando me chama de "minha filha". Guarde esses ares de superioridade, não preciso deles! Arrependimentos não me comovem e você sabe muito bem disso! Jamais o perdoarei por essa ousadia!

– Carmem, penso que cada um de nós possui riquezas no coração. Apesar de sua rudeza, confio no despertar de seus sentimentos. Quanto ao seu perdão, ele não é primordial neste momento.

– Julga-se superior, Augusto?

– Gostaria de cultivar uma compreensão que me levasse a entender os meus semelhantes além das aparências. Não me julgo isso ou aquilo. Estou à procura de novos rumos e não desistirei.

– Concordaria em não envolver nossas crianças nesse disparate?

– Crianças!? Mas não é você mesma a lhes repetir, com freqüência, que não são crianças? Vejo-a incentivando-os a assumirem posições. Jamais impus qualquer coisa em família. Você o fez, Carmem.

– Acusações desnecessárias, Augusto. Com você fora de casa a maior parte do tempo, o que me restaria senão impor a minha vontade? Falarei com eles. Mostrarei o que penso e os riscos que correm. É meu dever alertar os meus filhos. Inclusive, eu me colocarei disponível, na casa de vovó, caso queiram ir comigo.

– Carmem, não elevarei um argumento para dissuadi-la dessas idéias. Reveja a casa, fale comigo se precisar de alguma coisa, exponha aos nossos filhos a sua opinião e tudo bem.

– Não é uma simples opinião! Tenho certeza do que vou lhes dizer. As igrejas estão abertas, atendem aos fiéis, fazem a caridade e não se colocam nessas práticas esdrúxulas. Nunca pensou que, se fosse necessária essa comunicação com os mortos, a Igreja nos autorizaria? Você diz não se ter desgastado com as lutas em família, mas essa fragilidade, permitindo-se sugestões descabidas, só pode ser conseqüência desses anos difíceis. É comum desanimarmos, exatamente, quando estamos a um passo da liberdade.

– Liberdade, para você, seria vivermos em viagens, soltos, gozando a vida.

– Um gozo ao qual fizemos jus. Afinal, viver, no seu conceito, é o quê? Curvar-se toda a vida sob sacrifícios e, no fim, virar um louco fanático querendo distribuir até o que não tem?

Augusto meneou a cabeça. Prosseguir seria, de alguma maneira, comprometer-se. Respeitosamente, pediu licença e saiu.

CAPÍTULO 10

Esclarecimentos

Romão estava um tanto surpreso com as reações de Carmem Santoro. Respeitosamente, expôs as suas dúvidas:

– Pensei que a sua neta fosse reagir da melhor maneira possível à sua doce presença. Como pode, especialmente ela, não a reconhecer?

– Ela não admite a sobrevivência na extensão onde vivemos. Prende-se a fantasias. Julga-me no céu, premiada por Deus. A seu ver, eu não estaria naturalmente ao lado dos que caminham na Terra. Afirmar sobre esse céu de contemplações é, de alguma maneira, garantir-se nele.

– Desistirá das idéias deste momento?

– Adivinhações não fazem parte de nossa seqüência de trabalho. Esforços determinados, visando fins úteis, desencadeiam boas alternativas. Cumpramos com os nossos deveres e aguardemos com serenidade aquilo que os outros são capazes de nos oferecer.

– A senhora está certa. Nem sempre pensamos e agimos corretamente. Esperamos que os outros nos dêem o que queremos e não o que nos podem dar.

– Minha neta terá todo o meu carinho, mas nenhuma imposição de nossa parte.

– Se eu puder ser útil... – Ficou pensativo por alguns instantes. – Eu me revi na postura fechada dela. Ela nem respira para falar. É como eu fazia. Não queria dar tempo ao outro para pensar e buscava ganhar todas as causas. No final, eu me senti atordoado e só.

– Reflita com essas vivências. Carmem exigirá docilidade de nossos corações. Rebelde, faz reivindicações inoportunas. Está imersa num turbilhão de conflitos inconfessáveis. Não aceita o transcurso do tempo nas transformações que ele impõe. Emoções desenfreadas, carências que ela permitiu, desajustes.

– "Carências que ela permitiu...". Por quê?

– Ao se recusar às bênçãos que a Vida lhe concedeu, imergiu em um empobrecimento enorme. Camuca, colocada ao seu lado para ajudá-la, viu-se sozinha com as três crianças e as responsabilidades da casa. Acordava às cinco da manhã e buscava repouso já muito tarde. Augusto tentou compensá-la de todas as maneiras e até uma ajudante lhe facultou. Carmem nunca admitiu ser acordada à noite. Letícia, em meio aos seus pesadelos, despertou-a algumas vezes, mas foi severamente repreendida. Incansável Camuca! Abençoados foram os seus passos, no esforço de preservar a família.

– Camuca não conseguiu conduzir as crianças a uma religião?

– Não lhe foi dada essa permissão. Minha neta proibiu-a de qualquer alusão a esse respeito. Vez ou outra, Carmem levava os filhos para a bênção do padre. A impaciência, no entanto, que a dominava, levou-a a julgar que as questões de Deus não eram agradáveis. Mas não perdia uma festa. Impunha ao marido acompanhá-la e não tinha pressa para voltar.

– O senhor Augusto tem o seu mérito. Tolerante e amigo.

– Teria sido melhor se agisse com um pouco mais de energia. Cedeu demais. Permitiu além da conta. Em família, é importante saber porcentagem.

Romão riu com franqueza.

– As contas que fazemos só nos favorecem, não é?

– Faltaram as bases ativas da Educação.

– Educar... como é difícil! E nem sempre sabemos o que é isso.

– Educar é interagir nos princípios do bem. Expor idéias e não coagir absorções. Educar é ir ao encontro da aptidão do outro, desencadeando recursos, promovendo renovações. É conhecer a vontade de seus semelhantes, respeitando-a, conduzindo para os rumos da Verdade.

– Gosto de ouvi-la! Penso que nunca ouvi tão bem quanto agora!

– Você, Romão, você mesmo promove esse estado de receptividade. Querendo aprender, ouve bem o que lhe falo.

– Não julguei que fosse assim. Afirmaria que a sua influência boa e pacífica invadisse o meu ser, provocando a receptividade que atesto.

– E por que minha neta não reagiu da mesma forma? Esforcei-me para ajudá-la no desenvolvimento de sua capacidade crítica, incentivei-lhe a criatividade e a autonomia.

– Subentende-se que havia uma razão especial para que o seu afeto a direcionasse para essas reflexões específicas.

– Sim, meu querido Romão. Carmem não tem senso crítico. Percebi as suas tendências desde muito cedo. Nunca teve compreensão face aos valores reais da Vida. Os esforços para que desenvolvesse criatividade esbarravam na preguiça que lhe é peculiar. Não quis trabalhar, prosseguir os estudos, exercer atividades fraternas.

Subitamente, Romão começou a chorar. A percuciência de minha amiga Rosália levou-a a deixá-lo desabafar. Intimamente, vibrou-lhe forças para que fosse capaz de encarar a realidade que lhe era pessoal, intransferível.

– Perdão! Peço-lhe perdão! Vim como assistente e estou qual enfermo a reclamar cuidados.

– Somos companheiros, Romão. Entre companheiros, existe confiança, nenhum juízo ou condenação.

– Minha Nanci tem um gênio alegre, é simpática, mas nunca

quis prosseguir nos estudos ou desenvolver atividades sociais úteis. Impus, sim. Eu a mimei, dei-lhe tudo, mas vejo agora que ela foi realmente conivente. Querida irmã, se os seus superiores permitirem, poderia visitar minha família?

– Com todo prazer, Romão!

– Poderia fazer-lhe uma última pergunta?

– Última!? Não sei, exatamente, quantos dias ficaremos nessa tarefa, mas você ainda fará inúmeras, Romão. Mas não se preocupe! Essa curiosidade é sadia, conduzi-lo-á a bons resultados.

– Sua neta, subtraindo-se à companhia do marido por intolerância, ficará desprotegida de sua presença ou da proteção de outros amigos espirituais?

– Continuarei a amá-la. Na verdade, eu a amo cada vez mais. Afastando-se da família, que a protege de situações graves, ficará sujeita a dores e dificuldades maiores. Mediante a realidade que pode advir dessa decisão, ela despertará para Deus ou permitirá o crescer da revolta em seu coração. Amando-a, eu a protejo. Mas será que ela sintonizará essa proteção?

– Mesmo longe da família, se ela acordasse para os fundamentos da verdade, cresceria?

– Sem dúvida! Se ela cultivasse o sentido de justiça, solidariedade e amor a Deus, estaria unida ao todo que somos.

– Tentarei transmitir-lhe algo de bom, dona Rosália.

– Sei que conseguirá. Partiremos para outras tarefas agora. Voltaremos à noite. Conversarei com Carmem no repouso do corpo físico.

***

Vaz Serra, após o telefonema de Augusto, recolhera-se em prece. Teria reunião à noite. Colocaria o nome de toda a família para vibração dos amigos. Intuía que não lhes seria tão simples o tratamento de Letícia. Ísis, a solícita guardiã de seu lar, interrompeu-o com a costumeira delicadeza.

– Trouxe-lhe o seu chá preferido, Amélio.

– O que seria de mim sem você? Se nada mais de bom existisse em minha vida, bastaria a sua presença para provar que o céu está mais perto de nós do que pensamos.

– Galanteador...

– Sincero, Ísis, nesse reconhecimento que lhe dedico.

– Os seus olhos estão nublados? Chorando, senhor Vaz Serra?

Abraçou-o, beijando-lhe os cabelos embranquecidos. Treze anos mais nova do que o marido, era-lhe anjo tutelar. Paciente no trato com todos. Disponível em todas as circunstâncias, leve e amorosa com os familiares. Vaz Serra compunha, com os três filhos, uma das maiores alegrias de sua vida.

– A idade predispõe ao choro com a mesma facilidade dos recém-nascidos.

– Terei que discordar, nobre senhor. Não me esqueci de suas lágrimas em nossas formaturas, na cerimônia de casamento, a cada filho que chegou...

– Ocasiões inesquecíveis! Vivências que me determinaram lutar sempre mais para ser digno de quanto recebia. Isis, amei-a, a cada dia, com mais carinho e compreensão. Sua maneira especial de ser tornou-a eterna em meu coração. Não me cansarei de agradecer, embora eu saiba que não bastam as palavras se o sentimento estiver afastado de realizações úteis.

Ísis ergueu-se. O seu olhar brilhava um pouco mais, transparente à luz das lágrimas. Calma, recostada na mesa de trabalho do marido, olhou-o detidamente.

– Qual de nós dois teria mais razões para agradecer? Sua presença ao meu lado enriqueceu-me a existência. Confiar em você foi natural e forte. Via-o sair no meio da noite ou chegar em casa de madrugada com absoluta tranqüilidade. Sei que as tentações andam soltas, disfarçam-se em trajes atraentes, exercem fascínio. O fiel cumprimento de suas obrigações junto à dor era-me certeza. Sua retidão moral ensinou-me muito. Quando afagava os filhinhos no meio da noite, lembrava-me de sua dedicação junto a enfermos que temia perder.

– Nada disso teria sido possível sem a proteção que você estendia por onde eu seguia.

Num ímpeto, ele se levantou, foi a um de seus livros preferidos e retirou um envelope.

– O que é isso?

Mãos trêmulas, Vaz Serra foi dispondo sobre a mesa os recadinhos que Ísis lhe deixara ao longo de trinta anos.

– Veja você mesma.

– Guardou-os!?

– Não foram escritos apenas para um momento. Constituíram-se para sempre. Reli cada um, muitas vezes.

Beijou-lhe as mãos delicadas, com enorme emoção, estendeu-lhe pequena caixa que ela mesmo lhe dera um dia.

– Essa caixa me faz lembrar o inverno rigoroso de Santa Catarina. Mamãe enferma reclamando-lhe a presença. Sua dedicação e a separação, embora temporária, que nos causou dor.

– Quase nos mudamos para lá, lembra-se? Dias árduos e felizes. Sua mãe legou-nos testemunhos inesquecíveis. Confiança absoluta no plano espiritual. Lamento não ter acatado, de imediato, o que a levava a pensar sobre a relação do homem com Deus e com a Vida, numa noção tranqüila de eternidade. Abra a caixa.

Ísis sorriu docemente. Pétalas secas, das flores colhidas de seu jardim. Plantadas e tratadas por eles em horas de folga.

– Você é um romântico incorrigível! Obrigada por esse apreço com tudo que lhe ofereço.

Abraçaram-se silenciosos. Para que mais palavras?

CAPÍTULO 11

Solicitude

A mesa compunha-se com discreta beleza. O ambiente era constituído e preservado com o máximo carinho. A toalha alva, com bordado raríssimo, era expressão da habilidade de Ísis. Música suave no desencadear de emoções positivas. Chopin e sua majestade poético-melancólica. Um dos seus noturnos comovia, conduzindo a lembranças boas.

Na ante-sala, os componentes, apenas nove, liam, oravam com os olhos cerrados, rabiscavam reflexões e meditavam no cultivo da disciplina que conduz ao êxito. Educavam-se sob os princípios redentores da Doutrina Espírita e sabiam que não lhes era útil transferir esforços. O equilíbrio que almejavam seria real a partir de suas próprias realizações.

Comum, em diferentes frentes de trabalhos que envolvem os espíritos, as idéias de que a eles cabe o bem-estar e demais aquisições de que carecem as pessoas.

A Verdade, claramente, se reflete na Vida. Nunca fomos orientados à acomodação. "O meu Pai trabalha até hoje e eu trabalho também". Indispensável a participação efetiva de cada um no ideal de se viver o bem na própria vida. O valor de uma dracma perdida, de alguns pães e peixes, do óbulo da viúva foram vivências destacadas pelo Mestre a incentivar-nos. Conhecendo-nos como Ele afirma conhecer: "Antes que vós fosseis, Eu já era e velava", sabe de nossos parcos recursos e, mesmo assim, convida-nos às Suas realizações de amor. Como negligenciar oportunidades que nos são concedidas?

O pequeno grupo, orientado pelo professor Gustavo Lumer, esforçava-se para corretamente entender quais lhe eram os deveres mais próximos. Aprendiam que milagres não existem. Lutavam, identificando, nas lutas, razões de aprimoramento moral. O ilustre professor inquiria sempre de si mesmo como fazer mais e melhor. Na sua sinceridade, comovia e incentivava os companheiros de ideal. Repetia-lhes que a primeira e melhor morada que nos cabe cultivar, a nosso próprio benefício a se expandir para todos, é o coração. Não lhes era comum julgar que os espíritos tivessem deveres onde lhes faltavam realizações de amor. Queriam entender o desvelo dos amigos espirituais e esforçavam-se para serem dignos sob esmerada aplicação.

Hora pré-marcada, adentraram o respeitável ambiente. A prece comovente de Ísis foi a seqüência natural da harmonia que buscavam viver em toda parte, por onde estavam, sem menoscabar quem quer que fosse.

Vaz Serra abriu o livro. O enunciado veio-lhes como força a nutrir-lhes o coração: "Disseram-lhe, pois: que sinal fazes tu para que o vejamos, e creiamos em ti?"[1]

Gustavo Lumer silenciou por instantes, buscando no Pai inspiração para a reflexão da noite.

– Quantas vezes conversamos sobre a nossa sinceridade na causa do Bem? Testemunhos... – respirou lentamente – ...quantos nos são exigidos? O Pai Excelso encaminha-nos sem cobranças. Amando-nos, sabe que nossas fragilidades transformar-se-ão sob a bênção do trabalho. Ele nos conhece, sabe das nossas disposições.

---

[1] João, cap. VI, v. 30

O mesmo, contudo, não ocorre entre nós. Exigimos uns dos outros quando deveríamos estender apoio e compreensão. Em nossa insânia, tantas vezes desprezamos as dádivas que nos são ofertadas e queremos os sinais do céu. Ao próprio Cristo foi direcionada essa interrogação. Que sinais buscam os homens? Não estaríamos na excelência de oportunidades úteis para marcarmos nossas dimensões com a força de nosso trabalho? Se cada criatura oferecer de si, tão-só, um pouco de amor, atingiremos um equilíbrio razoável. Conseguirmos vencer as nossas próprias iniqüidades e chegarmos à força que sustenta o Bem é o ideal.

Com leveza, Gustavo Lumer passou a palavra a Jonas.

– Temo-nos esforçado por um convívio além das fronteiras do mundo material. À proporção que avançamos em nossas pesquisas e práticas, pessoas buscam-nos pedindo sinais. Curiosidade e vontade sincera mesclam-se. Questiono quanto ao que devemos fazer. Procuro ser discreto, não alardear nossas experiências. Comum o assédio aos médiuns. Exigências descabidas, provas exigidas, pedidos para colocarmos à mostra tudo o que identificamos. Se ao Cristo pediram sinais, o que tentariam arrancar de nós?

Flávio, estudioso atento, dedicado, trabalhador, simples na sua maneira de agir, calmamente falou:

– Respondamos com exemplos. O trabalho é melhor do que discurso. Pedem-nos sinais? Vamos convidá-los a estudos e práticas constantes.

– Mas nem todos estão aptos às pesquisas que fazemos, Flávio!

– Eu sei, Vaz Serra. Mas não me refiro, exatamente, a esta reunião ou aos temas que pesquisamos. O dia-a-dia. Visitas a creches, campanhas, estudos mais simples, participação séria junto ao próximo.

– Os curiosos, exigentes, querem respostas satisfatórias às suas perguntas, atendimentos para as suas aflições, proteção aos amados, não operosidade, Flávio.

– Nossa paciente perseverança, convidando-os ao trabalho, promoverá bons frutos, amigos.

– Um bom sinal é o do amor em nossos corações. – Ísis falava com discreta elegância. As palavras mesclavam-se a olhares complacentes que direcionava a um por um dos companheiros presentes. – O homem, na sua enorme desatenção, não percebe os inesgotáveis sinais que a Vida lhe oferece. Ouvir com delicada atenção aos que nos abordam reclamando sinais já é demonstração de amor. Importante ressaltar, aos desavisados que nos buscam, que nenhum de nós está isento de participação na Casa de Deus. A todo movimento que se erga em busca dos sinais do céu, respondamos com sincera simplicidade. Somos aprendizes, pretendemos um esforço nos rumos do Bem, mas não somos capazes das maravilhas que gostariam de ver. O sinal ideal, em nosso estágio evolutivo, é a nossa disposição irrestrita ao conhecimento da Lei Divina e o conseqüente esforço que possamos sustentar a cada dia.

– De pleno acordo, Ísis! É lamentável quando, a pretexto de bom atendimento, ficamos ansiosos, querendo satisfazer à maior parte.

– Gustavo, há uma certa preocupação em querer agradar o outro. Não podemos viver de agrados. É imprescindível, em horas difíceis quais as deste momento, que busquemos a Verdade. Como bem asseverou o Mestre, só a Verdade torna livre o homem. O nosso maior cuidado não será esse: dar sinais dos céus, da eternidade através de palavras ou práticas que satisfaçam os curiosos. Permaneçamos no esforço da reforma íntima, sob realizações simples, e estejamos um ao lado do outro querendo os sinais do amor no próprio coração.

– Sugere essa simplicidade para que nos tornemos mais próximos, irmã?

– Sim, Flávio.

Vaz Serra incentivou Rafael, companheiro mais recente no grupo, a fazer algumas ponderações.

– Sou daqueles que precisam controlar as palavras. Gosto muito de conversar e me expando com freqüência. Tenho lutado para aprender a falar menos e com mais proveito. A humanidade carece de exemplos, práticas objetivas e não tanto de palavras. Já fui daqueles capazes de longos discursos, irreverente à operosidade. Sei, no entanto, que há um longo tempo o homem segue regras e obedece, indiferente aos processos de renovação. Teme as mudanças, apega-se a coisas corriqueiras, joga com a vida de seus semelhantes. Vive indiferente à Lei Eterna, faz questão de ignorar a própria espiritualidade e, quando lhe falam das realidades eternas, exige sinais. O homem educado busca sinais em si. Cuida do próprio comportamento ao invés de exigir do outro. Querem que enxerguemos por eles. Devemos promover a paz onde existe guerra, como num passe de mágica. Para os desatentos, Deus deve nos atender, mesmo nas idéias mais absurdas. Fé é capacidade de entender e auxiliar. Fé não é representação escandalosa para satisfazer os egoístas desocupados.

Rafael inflamava-se ao verbalizar o que sentia. Flávio tocou-lhe a mão com delicado trato.

– E somos nós mesmos os egoístas desatentos.

Algumas lágrimas brotaram forte. Ísis estendeu a Rafael um pouco de água.

– Perdão. Fico emocionado ao perceber que começo a entender as valiosíssimas lições do Cristianismo. A Doutrina dos Espíritos é um tesouro imperecível. É o próprio Cristianismo em suas bases essenciais. Deus, justo e misericordioso, inteligência suprema, causa primeira de todas as coisas... A imortalidade bem refletida, levando-nos a acessar o conhecimento ideal... As muitas moradas da Casa do Pai... Reencarnação, comprovando justiça... A comunicação...

Ísis, emocionada, também enxugava algumas lágrimas. Com serenidade, ponderou:

– E Jesus fala da comunicação em um dinamismo e extensão que não entendemos plenamente. Não se trata, tão-só, da comunicação mediúnica e, sim, de toda a relação que o homem possa estabelecer. Não só a seu benefício, como a bem de todos.

Gustavo interrompeu-a educadamente:

– Ísis, a palavra é um dom por muitos de nós desprezado. Grande parte não é fiel à boa conversação. O diálogo infeliz é sementeira danosa, provocando conseqüências graves. A maledicência é veneno que se dissemina de boca em boca, comprometendo quem o esparrama.

– Quando nosso Mestre fala sobre a comunicação, e a nossa Doutrina a enfatiza como um dos seus princípios básicos, elevam um tributo a esse dom extraordinário que é o falar. Mas a comunicação nos foi assinalada porque, na verdade, ela se expressa além da palavra, em trocas mais sutis do sentimento.

Vaz Serra sentiu-se envolvido pelas reflexões.

– Com minha Ísis, um olhar é mais que muitas palavras. Por inúmeras vezes, ao retornar de assistência a enfermos graves, altas horas da noite, encontrava a mesa posta, delicadas flores, recadinhos de atenção e carinho.

– Amélio, por favor, meu bem...

– Deixe-o, Ísis. Fala-nos dessas suas comunicações de amor. A flor, o trato com a mesa, os recadinhos. Estamos refletindo sobre os sinais que nos são exigidos. Caímos na questão da comunicação necessária entre todos e que, por certo, viabiliza entendimento. Esses sinais de amor são indispensáveis no dia-a-dia.

– Como viver sem esse carinho que acalenta a alma? Comunicação... – Flávio ficou pensativo. Os companheiros olharam-no percebendo-lhe melancolia nas faces. – Sei bem o que é estar ao lado de alguém em expiação dolorosa. Minha Hilda não esconde o rancor que a domina. Compraz-se em me contrariar. Procura descobrir o que mais gosto exatamente para me impedir de conquistas felizes.

Profundas lágrimas brotaram. Elena, médium dedicada e simples, ergueu-se estendendo a mão sobre o companheiro. Suavemente, a voz se fez meiga e forte:

– Perseverar nos bons costumes. Esforçar-se nos rumos do Bem. Companheiros, cultivar bom ânimo é alcançar, ainda que em mínimas parcelas, a força que conduz às transformações necessárias. Cuidai de vossas sementeiras com afinco. O extermínio das ervas daninhas fere as mãos, mas deixa o coração livre para amar. Lembrai-vos de Jesus nas exortações da fé. Prossegui e não corrompais as vossas possibilidades. Milhares de sendas margeiam as vossas. Não vos esqueçais, contudo, a que vos é própria. O pão de cada dia. Cada dia sob os tratos indispensáveis do amor. Que benesses iluminem as sendas interiores.

Gustavo Lumer agradeceu a pequena comunicação e passou às seqüências dos trabalhos. Atenderiam a enfermos da alma.

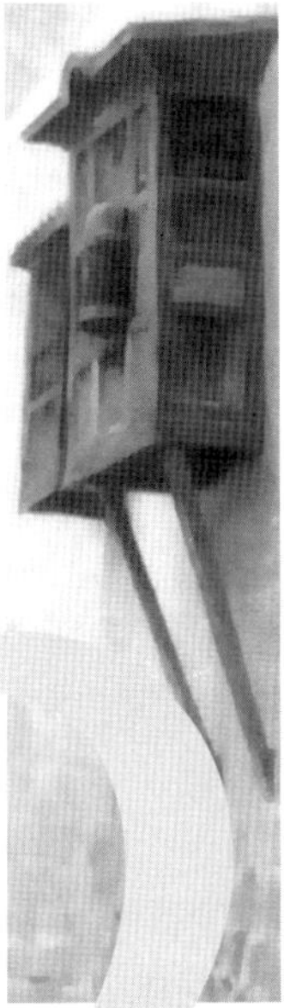

2ª Parte

CAPÍTULO 1

Compromisso

Gustavo Lumer, Vaz Serra e Ísis adentravam, com enorme respeito, a casa dos Santoro. Expectativas dominavam a todos. Carmem pretextara providências urgentes na rua, conservava-se mal humorada e intransigente. Não cedera aos argumentos do marido.

Lágrimas discretas banhavam os olhos de Augusto.

– Bem-vindos! Obrigado por aceitarem o nosso humilde convite. Estamos um tanto ansiosos.

Ísis se adiantou abraçando Letícia e Camuca. Saudou-as vibrante.

– Nós nos sentimos honrados. Bons convites conferem-nos dignidade. Oportunidades para o culto cristão no lar nunca são excessivas, estamos felizes e agradecemos. Augusto, será um enorme prazer participar desses estudos.

Alegrias inundavam-lhes os corações. Augusto acomodou-os na sala preparada após os abraços e palavras boas.

– Letícia, Camuca e eu aguardamos com grande ansiedade este encontro. Precisamos, urgentemente, desses estudos. Sentimo-nos totalmente ignorantes em relação às questões atinentes à alma. E, confesso-lhes, estamos confusos com os últimos acontecimentos relacionados à minha filha. Peço-lhes desculpas pela ausência de Carmem e dos filhos. Sei que não é válido impor nossa vontade. – Augusto falava um tanto aflito. – Carmem teme. Nesse temor, fica rebelde e foge. Os meninos disseram não estar precisando de rezas.

– Augusto, aceitamos este convite com grande apreço. Não se inquiete, a seu tempo, eles virão.

– Eu sei, doutor Amélio, que eles virão um dia. Preciso de paciência e persistência também. Não nos exercitamos e o tempo passou sem que buscássemos os valores de Deus, a bênção da Vida Eterna. Contentamo-nos com as migalhas da Terra. A compreensão espiritual que nos falta hoje é conseqüência de nosso descaso e não quero isentar-me em escusas desnecessárias.

– Coloquemo-nos ativos agora. Cuidemos de nossa edificação e cumpriremos com o desiderato divino.

– Obrigado, professor Gustavo. É uma honra recebê-lo em minha casa.

– Viemos com grande alegria. Encontrar o outro é descobrir riquezas. Contem conosco!

Era visível a emoção de Camuca. Discreta, conservava-se atenta, agradecida ao Criador.

– Estabeleçam o dia e o horário que lhes forem melhores para esses encontros. Não podemos é perder essa oportunidade.

Vaz Serra tranqüilizou-o:

– E não perderemos, Augusto. Mais do que nunca, nesse momento difícil da humanidade e de todos nós, um núcleo de reflexões e prece é de grande proveito. Cada um de nós comparecerá com enorme prazer. Mas consideramos que a presença de vocês na casa espírita é indispensável.

Letícia segurou a mão do médico cheia de cuidados.

– Seremos aceitos? Mesmo despreparados como estamos, vocês nos acolherão? Pensei que esses estudos fossem fechados. Quais os requisitos que vocês exigem para essa participação?

– A boa vontade. Vontade de se auto-conhecer, de estudar e aplicar-se nas diretrizes do bem.

Letícia olhou para o pai, acariciou a mão de Camuca e exultou:

– Essa é a nossa vontade, doutor Amélio! Confiem em nossa dedicação! Não lhes causaremos decepções.

– Mas, e Camuca, não nos diz nada?

– Estou muito agradecida a Deus. Rezei muito, por todos esses anos, para que todos se aproximassem de Deus. No silêncio de meu quartinho, li as obras da Codificação. Li e reli.

Augusto e Letícia estavam surpresos.

– Leu e releu e nunca nos falou nada? Deixou-nos longe dessas verdades?

– Minha menina, eu não tinha liberdade para falar a esse respeito. Os meus livros ficam guardados embaixo do colchão. Sua mãe não me deixou, sequer, ir à igreja.

Uma comoção invadiu o peito de pai e filha. Não restringiram as lágrimas e, quase ao mesmo tempo, tomaram-lhe as mãos.

– Camuca, boa Camuca! Nós a fizemos sofrer com o nosso descaso. Cerceamos buscas de amor, realizações boas. Quanta responsabilidade, meu Deus!

– O senhor tem razão, paizinho! Fomos insensatos, perdemos oportunidades excelentes. Perdão, Camuca! Nós a amamos...

– Obrigada por me aceitarem aqui. Estou muito feliz. Irei estudar, se puder.

Vaz Serra olhou-a cheio de admiração.

– Corajosa Camuca! Será um enorme prazer estudar ao seu lado! Venha quanto puder e quiser.

Gustavo Lumer sentia um aquecimento n'alma. Vivia o enternecimento que os reencontros promovem. Com precisão, explicou aos amigos os dias e horários de atividades na casa espírita. Sugeriu leituras e colocou-se à vontade para o que precisassem. Vaz Serra expôs a sua idéia.

– Examinando Letícia, percebi que as dores morais que a acometem não são desta existência. Pensei que, talvez, nosso grupo pudesse submetê-la à regressão de memória.

– Ao lado de vocês, estou me sentindo segura. Vocês inspiram, acima de tudo, confiança. Eu me esforçarei para acatar o que me for sugerido. Não me deixarei vencer pelo medo.

– Minha filha fala por nós. Sinto-me à vontade na presença de vocês. Doutor Amélio sempre me inspirou coisas boas. Cuidou além de nosso corpo, alentou-nos a alma. Estaremos ao inteiro dispor de suas determinações.

Gustavo Lumer ponderou:

– Penso que o melhor seja o comparecimento dos amigos aos nossos estudos e trabalhos fraternos. Um tempo de observação em que alcancemos maior clareza a esse respeito. Não nos invadem curiosidades ou pressa. Nesse tempo de convívio, sob os esforços sinceros que iremos empreender, concluiremos sobre o que lhes for melhor.

– Obrigada, professor. Eduardo o admira profundamente. Sempre me falou de sua bondade e compreensão.

– Não acredite em tudo o que lhe falou o amado. Sou, tão-só, esforçado.

Ísis, percebendo que as apreciações voltavam-se ao nível pessoal, sugeriu:

– Vamos ao Evangelho?

– Sugiro que Augusto, sob a proteção celeste, abra o livro.

Rosália postou-se ao seu lado e o ajudou.

"Aprendestes o que foi dito: Olho por olho e dente por dente. Eu, porém, vos digo que não resistais ao mal que vos queiram fazer, que se alguém vos bater na face direita, lhe apresenteis também a outra; e que se alguém quiser pleitear contra vós, para vos tomar a túnica, também lhe entregueis o manto; e que se alguém vos obrigar a caminhar mil passos com ele, caminheis mais dois mil. Dai àquele que vos pedir e não repilais aquele que vos queira tomar emprestado."[1]

[1] Mateus, cap. V, v. 38 a 48.

A leitura, sob o halo benéfico de Rosália e com a carga emocional da verdade, sensibilizou-os. Augusto, olhos marcados de lágrimas, segurando a mão de Letícia, externou sua emoção:

– Jamais eu poderia dizer que abri este livro ao acaso. A lição é perfeita ao meu coração! Pouco antes da chegada de vocês, pensei nos filhos, que se recusaram a participar, e julguei um tanto severamente a companheira. Agradeço a bênção desta leitura!

Ísis acolhia as observações de Augusto com enorme simpatia.

– O que chamamos de acaso não existe. Em tudo, percebemos a proteção divina. Um pouco mais de atenção e carinho e sentimos a sincronia que cresce ao nosso redor. A lição é repleta de força e amorosidade. Fácil reagir no impulso da hora. Árduo acolher, com paciência, o que consideramos agravo à nossa vida. Precisamos de coragem para suportarmos incompreensões.

Augusto, atento a cada momento do encontro, colocou-se à vontade na reflexão que lhes fora sugerida.

– Silenciar, à maior parte, parece covardia. Mais do nunca, cresce a idéia de que o homem não pode silenciar quando agredido. Há um movimento, na sociedade atual, que incentiva ao revide. Quantas dificuldades nessas divergências! Precisamos de pessoas e situações que desencadeiem e cultivem nossa amorosidade. Chamados à violência já existem aos montes!

Vaz Serra prosseguiu a reflexão:

– Há muita rebeldia sob o disfarce de reivindicações justas. Grita o homem por direitos, abandonado de seus deveres. Se não crescer, em nossos corações, a vontade de compreender o que nos envolve, prosseguiremos no "olho por olho e dente por dente". Na seqüência abençoada da vida, é fundamental analisar as próprias ações. Não há como prosseguir indiferente ao que somos, ao que ocorre com os nossos semelhantes. Chega de revide!

– Doutor Amélio, eu gostaria de saber sobre a Educação segundo a Doutrina Espírita. Estou cursando Pedagogia por ser uma admiradora profunda da Educação.

– É um grande prazer, Letícia, refletir sobre os fundamentos da educação espírita. Não há, nessa Doutrina, idéias salvacionistas. Vocês aprenderão que a Doutrina, com o seu tríplice aspecto – filosófico, científico e religioso – trabalha para o aprimoramento do homem. Esse ideal educativo não deixa de ser um processo pedagógico. Gostaria que o nosso professor falasse um pouco mais sobre isso.

Gustavo Lumer estava visivelmente emocionado.

– Letícia, emociono-me nas reflexões e práticas que a Doutrina descerra a todos nós. A educação do espírito é o objetivo essencial da Doutrina Espírita. Descerra-nos, em um estudo metódico e profundo: Deus, inteligência suprema, causa de todas as coisas; a imortalidade, herança do Criador às suas criaturas; a comunicabilidade; a reencarnação; as moradas na Casa de Deus; a ação e reação do homem nas suas conseqüências inevitáveis. Essas bases essenciais conduzem-nos a um mundo de coisas novas. Estudar a Doutrina Espírita é capacitar-se. O nosso Codificador era um educador e foi discípulo de um dos maiores educadores de todos os tempos. Pestalozzi o influenciou de forma magnífica! Encontram-se, nesses estudos, os esclarecimentos indispensáveis a uma postura digna. Embasar-se para as lutas que se pretende travar é garantir vitórias. Importante enfatizar que a auto-educação é a melhor conquista porque ditar normas de conduta é freqüente entre nós, mas não é justo. A força da Educação é a sua autoridade moral. A irrestrita dedicação ao que nos faculte moralização é fundamental. Sem esforço próprio, não se constata burilamento interior. Realizações pessoais honestas, visando crescimento evolutivo, redundarão em bem a todos.

– Professor Gustavo, estou entendendo que não é lícito dizer a esse ou àquele o que é bom e deve ser feito, se não estivermos lutando pela nossa própria melhoria.

Ísis tocou-lhe a mão de forma carinhosa, enriquecendo a reflexão.

– Letícia, buscar a Doutrina Espírita é, sem dúvida nenhuma, unir-se a um processo de auto-educação. É aceitar-se como um ser perfectível, frágil tantas vezes, é trabalhar a si mesmo, com afinco, buscando o conhecimento de si como criatura de Deus. Mas observe que essa Doutrina não é individualista. Ela não descompromete o homem de deveres para com os seus semelhantes. Fique atenta, a educação espírita não educa apenas para a casa espírita ou para o movimento espírita. Educa para a consciência da Vida Eterna, para a relação com a família e a sociedade.

Letícia olhava-os sob profunda emoção e, num movimento leve e novo, falou:

– Despertar-me como consciência espiritual, agilizar os recursos possíveis e prosseguir com fé solidária a todos. Lutarei por essas verdades eternas. Mais do que nunca, somos atingidos por um materialismo cruel. Pouco se cultiva no ideal de liberdade e justiça. Interesses sem consistência dominam o mundo, e, ao mesmo tempo, ações de amor reflorescem na Terra. O homem precisa ser acordado do pesadelo tristonho da ignorância. Importante realizarmos algo de útil a cada dia. Não permitamos a degeneração de nossas buscas. E, se falamos de Educação, jamais poderíamos esquecer o Educador Divino. Jesus legou-nos o padrão de referência mais nobre que existe na Terra. Com Jesus, o discernimento se amplia e, em Educação, discernir é imprescindível. Todo conhecimento verdadeiro transforma o coração.

Letícia parou de falar. Augusto olhava-a profundamente admirado. Camuca e os amigos presentes sabiam que alguém a inspirara.

– Perdão, sei da preciosidade do tempo para os senhores. Comecei a falar e exagerei. Na verdade, eu nunca refleti sobre as bases da educação espírita. Nem sei como foi possível me expressar assim!

Camuca, gentil e amorosa, veio-lhe ao encontro buscando deixá-la tranqüila.

– Dona Rosália está entre nós. Inspirou você.

– A bisa vem para nos alertar, como sempre fez.

Vaz Serra estava radiante. A naturalidade de Letícia deixara-o vibrante.

– Letícia, sua espontaneidade merece cuidados. Esmere-se. Busque estudar e exercitar-se o melhor possível e se transformará em um expoente útil na divulgação e preservação da Doutrina Espírita.

– Pretendo esforços e não esperarei facilidades, mas preciso de apoio, amigos.

– Estaremos próximos, confie.

– Obrigada, professor Gustavo.

– Dona Rosália é uma grande amiga. – Augusto expressava profunda emoção ao relembrá-la. A saudade era quase insuportável. – Sonhei com ela, algumas vezes, mas não consegui aplacar a falta que ela nos faz. Que bom, meu Deus! Nosso reconhecimento será vivido através da dedicação que assumiremos a partir desse encontro.

– A bisa é bem-vinda! Tudo farei para merecer-lhe a companhia.

Camuca, na simplicidade feliz de seu coração, falou quase para si mesma.

– Se tiver trabalho, ela ficará.

Ísis, atenta e observadora, obtemperou:

– Dona Rosália busca seqüência das vivências que lhe foram próprias. Convergindo as suas buscas para idéias superiores, ficarão próximos.

Gustavo Lumer considerou o avançado da hora e encerrou o encontro.

2

CAPÍTULO

Sintonia

Uma relativa tranqüilidade cresceu na casa dos Santoro. Letícia sentia-se feliz. Idealizava futuras realizações alicerçadas nos conhecimentos que, com esforços seqüentes, ia conquistando.

– Papai, preciso falar com o senhor.

– Venha, Letícia.

– Não o incomodo?

– Veja o que estou estudando.

– As leis morais! Assim que entrarmos de férias, devorarei esses livros.

– "O Livro dos Espíritos" merece uma leitura calma e refletida. É muito profundo, minha filha. Nada encoberto quanto ao que nos é necessário aprender. Perguntas e respostas bem dispostas, claras, esclarecedoras.

– Quanta alegria, papai!

– Nem sei descrever os meus sentimentos. Sinto um misto de gratidão e respeito, vontade seqüente de estudar e assumir transformações, ser útil, não cessar descobertas.

– Terei, ao seu lado, um grande incentivo, que bom! Camuca

é um anjo tutelar colocado em meu caminho. Quanta proteção, papai!

– Unidos alcançaremos muito mais, Letícia.

– E mamãe?

– Retraída, silenciosa, zangada... Nem sei ao certo. Tenho-me esforçado para compreendê-la, mas ela se afasta cada vez mais.

– Ela continua pintando a casa da bisa. Teima em dizer que nos deixará. Acusa-o de contribuir para o crescimento desses desvarios relacionados à fé.

Como a adivinhar que estavam juntos e que falavam do que a aborrecia tanto, Carmem Santoro chegou.

As faces contraídas revelavam o seu profundo desacordo.

– Vivem aos cochichos, desrespeitando quem os cerca!

– Não são cochichos, mamãe. Quer nos ouvir, ler, participar conosco? Pudéssemos, gritaríamos ao mundo nosso reconhecimento a Deus pela oportunidade que vivemos.

– O seu pai perdeu o juízo! Envolver-se com práticas estranhas... Evocar os mortos é sacrilégio!

Carmem falava sem olhar para Augusto.

– Não evocamos os mortos, Carmem. As práticas são claras. Você poderia constatar pessoalmente.

– Você está louco? Respeite-me! Nunca fui voltada a essas crendices desarrazoadas. Doutor Amélio nunca me enganou. Veste pele de cordeiro, mas é uma águia.

– Mamãe, desabafe as suas mágoas conosco, mas poupe os nossos amigos.

– Pretendem cercear minha liberdade? Estou na minha casa! – Parou, pensou e vociferou. – Talvez não seja mesmo o meu lugar. Não se desesperem, irei morar longe de vocês. Não preciso de ninguém, por que iria suportar as suas idéias sem reagir? Você, Letícia, deveria estar cuidando de suas responsabilidades na Universidade. Lutamos para conferir a você e aos seus irmãos privilégios que não podem ser negligenciados. Sua saúde é frágil, a sua cabeça sofrida, o que você provocará com as idéias absurdas que resolveu adotar? O seu pai deve ter sérias frustrações para assumir essas mudanças repentinas. Não quero ser conivente com vocês. Sei que terei sérias dificuldades para conviver com o desgosto que me deram.

– Lamento, Carmem...

Ela mal o deixou falar.

– Não lamente nada! Esqueça-me, Augusto!

Os passos agressivos confundiram-se com o som forte, na violenta batida da porta.

Letícia abraçou o pai. Tremia, mal conseguindo se controlar.

– Tenha calma, minha filha.

Um pranto brotou forte. Letícia estava nervosa.

– Por que, papai? Mamãe, a cada dia, está mais estranha.

– Existem causas. Chegaremos a elas com o apoio de nossos amigos, não se amedronte.

Camuca interrompeu-os com delicadeza.

– Com licença.

– Venha, minha boa Camuca. Fique à vontade.

– Dona Carmem me pediu para ir embora. Não sei o que fazer.

O espanto de Letícia não poderia ser maior. Pálida, abraçou-a.

– Embora!? Mas, como? Irei embora com você!

– Calma, calma, Letícia. Camuca não irá embora.

– Senhor Augusto, é difícil ficar. Hoje, pela manhã, ela quase me expulsou. Acusou-me de estar do lado errado.

– Papai, peçamos ajuda ao doutor Amélio. Camuca não pode ir embora. Eu não aceito isso!

– Hoje à noite, ligarei para ele.

– E por que não agora?

– Hoje é sábado, Letícia. Geralmente, as pessoas fazem compras, sei lá, são muitos os seus afazeres. Não quero perturbá-lo.

– Mamãe não está bem e não temos condições para ajudá-la. Mal quer nos ouvir!

– Dona Rosália nos ajudará. Ela vai nos intuir, confie.

– Vamos fazer uma oração, senhor Augusto?

– Excelente idéia, Camuca! Essa é a melhor opção. Esperem, vou buscar um livro de reflexão espírita.

A lição promoveu um grande reconforto nos seus corações. Mais tranqüilos, refletiram melhor. Camuca estava calma, mas firme na sua decisão.

– Tenho para onde ir. Não quero causar problemas.

– Camuca, você é uma bênção em nossas vidas. Você é a senhora desta casa. O que seria de nós sem você?

– Concordo plenamente com minha filha. Pondere, Camuca.

– Dona Carmem disse para eu sumir até ela ir embora.

– Ela lhe disse isso? Carmem sofrerá por esses desatinos. Quanta desumanidade!

– Camuca, eu sofrerei muito longe de você, mas não suporto a idéia de vê-la maltratada por mamãe. Papai, Camuca pode tirar férias.

– Férias!? Nunca quis isso, meu Deus! Irei para o pensionato, não se preocupem.

– Você gosta de lá, não é?

– Sim, minha menina. Fui acolhida lá quando minha mãe partiu para o Além. Sou bem tratada, compreendida, posso ficar lá sem dificuldades. Confio em Deus, essas dores terminarão.

Letícia abraçou-a em lágrimas. Augusto ficou pensativo.

– Camuca, não tenho o direito de lhe pedir mais nada, mas vamos tentar mais uma ou duas semanas, por favor.

– Posso tentar, senhor. Só tenho receio que isso deixe dona Carmem muito zangada. Mas posso tentar.

O final de semana transcorria sob alguma tensão quando Augusto Santoro ouviu gritos na cozinha. Carmem agredia a serviçal com enorme rebeldia. O molho bem preparado estava esparramado no chão, o vasilhame quebrado. O olhar enfurecido, a voz transtornada, gestos agressivos.

– Quem lhe deu ordem para ficar? Não lhe disse para sumir

de minha presença? Você, Camuca, tem parte de responsabilidade em tudo o que nos acomete! Rezou demais a vida inteira. Foi adepta de certas crendices. Às ocultas, deve ter feito coisas indevidas. A dor que vejo estampada na sua cara é prova de que agia às minhas costas! Deploro o comportamento de Augusto e Letícia e sei que você está do lado deles. Não suportarei um só minuto a sua presença nesta casa, se pensa que lhe devemos alguma coisa está muito enganada! Demos a você, uma simples serviçal, muito mais do que merecia! Não temos hábito de usurpar ninguém! Saia, desapareça!

Camuca mal respirava. Intentava paz. Não queria aguçar desequilíbrios.

– Com licença, senhora. Eu vou partir.

– Queimarei tudo o que ficar nesta casa! Mas espere, eu não terminei ainda!

– Pois não, senhora.

– O que você sabe dessas buscas de Augusto e Letícia?

– Nada, senhora.

– Não minta, Camuca! Pensa que pode me enganar? Provarei que não sou qualquer uma! Onde eles estão indo? Doutor Amélio desvirtua minha família, eu o conheço muito bem. Vamos, Camuca, diga a verdade! Eu vou fazer um escândalo, Camuca. Augusto pensa que deixarei passar sem maiores observações as ofensas desses últimos dias. Não me conformo e reagirei! São uns idiotas, se pensam que podem me enganar!

Augusto abriu a porta um tanto nervoso.

– Carmem, deixe Camuca em paz.

Sonora gargalhada ecoou na casa.

– Em paz? E você sabe o que é paz, provocando desarmonias em nossa casa? Não seja cínico! Camuca está confiada em excesso e você é o culpado de tudo isso!

– Pense um pouco, Carmem! Letícia precisa da amorosidade de Camuca.

– Amorosidade ou cumplicidade? Por todos esses anos, tolerei as atitudes desalmadas dessa serviçal por não poder cuidar sozinha dos desequilíbrios de Letícia. Vejo que pequei, ficando com ela. Fez mal a Letícia e, quiçá, esses desequilíbrios, as esquisitices e manias não sejam oriundos dessa proximidade! O que uma serviçal pode acrescentar a alguém? Lavar, passar, cozinhar... Milhares sabem fazer isso! Fui tola, tola em demasia! Tentarei reparo enquanto é tempo. Lutarei contra você se for preciso, os meus filhos não vão se imiscuir nessas arbitrariedades! Tenho coragem suficiente para chegar ao local dessas reuniões para desmascará-los! Cuidado, Augusto!

Carmem Santoro não estava só. Ao seu lado, a influência negativa encontrava brechas para se expandir. Desatenta para com os seus deveres mais sagrados, tornara-se conivente com a ociosidade e o desmando que imperam onde falta ocupação justa. Tivesse assumido as responsabilidades que lhe foram confiadas no planejamento reencarnatório, estaria forte.

CAPÍTULO 3

Docilidade

Num impulso de respeito e generosidade, Romão colocou-se ao lado de Camuca. Discretas lágrimas banhavam-lhe as faces. Quisera ser capaz de abrandar os movimentos negativos de Carmem Santoro. Temendo muito mais desagradá-la, preferiu amparar Camuca. Rosália tocou os ombros da neta. Visualizava-se, em seus sentimentos, um misto de carinho e enérgica responsabilidade.

Natalino e Lélio, comparsas de desavenças ao próximo, reagiram rudemente às inspirações boas que os amigos buscavam transmitir.

– Quem os chamou aqui? A conversa é entre nós. Saiam!

– Natalino, qual o seu credenciamento para se colocar desta maneira ao lado de minha neta?

– Sua neta quer a nossa companhia! Os pensamentos se corporificam em comportamentos que me são convenientes. Se ela apenas pensasse, talvez eu não estivesse aqui. Ela gosta do incentivo que lhe ofereço. Ela me ama, não se esqueça.

Rosália já o conhecia de longas histórias. Ele não mentia. Carmem Santoro mantinha, na semiliberdade do sono, contatos com ele. Uma atração forte dominava-os.

– Ela o procura e você a quer.

Natalino descansou a mão no ombro de Carmem e, por longos minutos, ficou absorto.

– Poucos ignoram o nosso conúbio. Nada foi capaz de nos separar. – Olhando-a com uma certa desconfiança. – E ninguém que o intente conseguirá. Não estamos escondendo nada, nada. Ficarmos juntos é nosso direito.

– Minha neta se fragiliza, perde-se de possibilidades reais de equilíbrio, mostra-se confusa perante ela mesma. Se a amasse, Natalino, buscaria ajudá-la.

– Como "buscaria ajudá-la"? Vivo a maior parte do tempo à mercê de sua querida neta. Mais ajuda é impossível!

– Falei de ajuda, Natalino. Não de misturas, confusões, comprometimentos. O tempo urge e, antes que vocês percebam, a justiça divina os alcançará.

Nada poderia irritá-lo tanto. Simples menção a qualquer impedimento à relação existente entre eles levava-o à total revolta.

– Não me ameace! Não me ameace! Sei que sua neta a ama e sofreria se eu a agredisse. Para defendê-la, serei capaz de qualquer coisa. Matarei, se preciso for! Não se intrometa!

– Matar, Natalino? – Forte energia transpunha rudezas e o envolvia. Rosália conservava-se intimamente em prece. Sabia das conseqüências que poderiam advir, caso não se colocasse o mais branda possível. – Não existe morte, somos prova da eternidade. Há quanto tempo deixou o corpo físico, Natalino?

– Não lhe interessa! E não me interessam corpos físicos. Carmem virá! Por nós, viria o mais rápido possível, livrando-se da prisão no corpo físico.

– Há uma justiça, não a ignore. Ainda existem oportunidades para que você busque novos rumos por vontade própria. Essa ignorância intencionada trará tristes respostas.

– Não lhe pedi análises! Sua neta me quer! Não lhe peça escolhas. Ela já o fez!

Natalino, ex-representante do clero em séculos passados, era culto, astuto, capaz de se mobilizar habilmente em relação ao que fazia.

– Escolhas? As escolhas são possíveis quando estamos lúcidos. Minha neta não exercita discernimento. Não tem auto-crítica. Perdeu-se na descrença e no vazio dela mesma.

– Mentira! Há séculos, não, há milênios, estamos unidos. Unidos! Fizemos essa escolha!

– União é harmonia, crescimento, estímulo e alegria a dois. É seqüência de realizações boas. Confiança e liberdade. Não é submissão, domínio e posse.

– Carmem e eu nos queremos mais do que nunca. Deixe-nos! Há um acordo entre nós. Deixe-nos em paz!

– Paz? Existiria paz nessa proximidade? Sinto-o assustado e Carmem não responde pelos próprios atos.

– Lutaremos e ninguém nos separará!

Lélio não se conteve:

– Irrita-me a insistência doentia dessa velha! Por que lhe dá atenção, Natalino?

– Fique quieto! Não lhe pedi opiniões! Cale-se, Lélio!

Lélio calou-se contrariado. Romão o fixou por rápidos momentos e sentiu leve calafrio percorrer-lhe o corpo. Por instantes, afirmaria conhecê-lo. Desviou o olhar e interiorizou-se.

Carmem Santoro deixou a cozinha e saiu para a rua desassossegada. Natalino e Lélio seguiram-na.

Romão enxugou as lágrimas.

– Nunca me comportei deste jeito! São emoções fortes a me tomarem o coração. Em outros trabalhos, fui mais espontâneo, natural e firme. Nem sei ao certo o que dizer, dona Rosália.

– Amigo, laços de outras existências nos unem.

– Lélio despertou ira e compaixão em meu ser. Eu poderia afirmar que já o conheço.

– E por que duvidar? Somos estudantes da Verdade, procuramos aprender justiça. A eternidade é bênção de Deus à humanidade e a reencarnação entrelaça ultrajes a correções bem encaminhadas.

– Farei tudo para agir da melhor maneira, dona Rosália. Estou surpreso! Não sabia desse conluio.

– Uma simbiose que se alastra qual erva daninha, infelicitando-os. Não aceitam a menor orientação. Insistem em agir por eles mesmos, teimam em desrespeitar a Lei. Por algumas vezes, abençoados com a proximidade no planejamento reencarnatório, romperam compromissos para tão-só olharem um para o outro, num anseio desenfreado de prazer. Oportunidades não lhes faltaram, a Lei é misericordiosa.

– Parecem irredutíveis. Conseguiremos?

– Romão, cabe-nos o máximo empenho. Venha, Camuca precisa de nós.

No pequeno quarto, Camuca recolhia os seus pertences. Dona Rosália e Letícia chegaram quase no mesmo instante.

– Camuca, não acredito no que vejo, expulsa desta casa... Como reagir a tão grande insanidade?

– Toda essa dor terá um fim. A oração sincera desencadeia o bem. Conseguiremos, fique tranqüila, minha menina.

– Poderei visitá-la, não é?

– Sem dúvida! Combinaremos um horário. Não posso comprometer a disciplina do pensionato.

– Papai vai conduzi-la. Irei com ele.

Rosália percebia o sentimento afável da serviçal. Esforçando-se para não fazer drama, convivia bem com a sua dor. Conduzia-se pela confiança em Deus e resguardava-se operosa perante os desafios que encontrava no seu caminho.

Romão ansiava fazer algumas perguntas. Um turbilhão de questionamentos fervilhava no seu íntimo. Rosália procurou atendê-lo.

– Fale, Romão. Está intrigado, não é?

– Percebo uma carga de desamor caindo sobre essa mulher simples e amorosa. Qual a razão? Servidora fiel, zelou por esta casa, poupou dona Carmem de maiores atribulações. Desvelou-se junto às crianças, encaminhando-as quanto lhe foi possível.

– E é escorraçada.

– Exatamente! Sem a menor piedade, é expulsa desta casa. Senhor Augusto e Letícia não têm a menor condição de ponderar com dona Carmem a seu favor. Difícil aceitar essa situação. Estou muito constrangido.

– Desconfiando da proteção superior, Romão?

Olharam-se questionadores.

– Eu jamais o faria, dona Rosália.

– Cuidado, amigo! Existem acusações disfarçadas de conselhos. Análises que são desconfianças e julgamentos arbitrários em nome do bom-senso. Cuidado com o fermento dos escribas e fariseus no seu próprio coração. Há imensa sabedoria acessível a todos nós, vamos estudar, entender e agir corretamente. Estaria Camuca sendo vítima, esquecida de Deus? Ou vive lições justas no aprimoramento do caráter? Venha, vamos, com todo respeito, participar dos seus pensamentos e ações.

– Minha menina, vamos fazer uma oração.

– Vai conseguir orar em meio a tanta desarmonia, Camuca?

– Procuro ser dócil, menina, sei que tudo isso é justiça. Pra que serve a revolta?

– Meu Deus, Camuca! Você nunca se revolta, fica magoada ou deprimida. Não faz acusações e se mostra animada mesmo diante de circunstâncias adversas. Quanta bondade!

Ela levou os dedos aos lábios de Letícia impedindo-a de continuar.

– Não sou boa. Sou esforçada, só isso.

Um pranto suave emergiu do coração de nossa jovem. Recostou-se no armário simples falando para si mesma.

– Hei de entender a vida, assim como você a entende. Sua compreensão me emociona e desperta bons sentimentos em meu ser. Em meio à balbúrdia que mamãe provocou, você, a maior atingida, lega-nos bons exemplos. Calma, confiante, decidida. Aliás, nunca percebemos indecisão no seu íntimo. Existiram momentos tão difíceis... Quando pequenos, éramos levados, irrequietos, traquinas, sua paciência não tinha limites, em tudo distinguia o bem.

Uma saudade imensa cresceu nos sentimentos de Camuca. Algumas lágrimas se fizeram sentir.

– Que tempo bom, minha menina! Gostaria de voltar a esse tempo.

– Você está chorando? Quão difícil é vê-la assim!

Com delicada ternura, Letícia acariciou-lhe as faces.

– Esse tempo, não quero esquecer, menina. Guardo essa lembrança com amor.

– Fomos muito levados, demos enorme trabalho e você tem saudades!

– Muita saudade! Parece nem cabe no peito! Faria de novo com mais carinho, se pudesse.

– Que pena mamãe ser tão insensível! Nada disso deveria acontecer...

– Tudo tem causa. Não estou aborrecida. Ela vai ficar bem. A fé vai trazer recurso.

– Irei todo dia no pensionato. Não suportaria ficar longe de seu amor.

Camuca ficou emocionada e disfarçou.

– Preciso terminar, menina.

– Vou ajudá-la, Camuca.

Sob o colchão, as obras kardequianas.

Letícia pegou "O Evangelho Segundo o Espiritismo". Camuca olhou-o cheia de respeito e amor.

– Essas são as minhas jóias.

– Bem conservados e bastante manuseados. Leu e releu, não foi?

– Todas as noites ou bem cedinho, eu estudava no silêncio do meu quarto. Encontrei força nesses escritos. Que Deus abençoe o homem que deu isso pra nós!

-- Colhíamos as bênçãos do seu aprimoramento e não questionávamos quanto à fonte que a inspirava e nutria. Quisera ter despertado mais cedo! Lamento tanto...

Camuca fez-lhe um agrado suave e rindo:

– Mais cedo!? É tão jovem!

– Nunca, na verdade, é cedo ou tarde para o amor, mas não concordo muito que tudo aconteça na hora certa. Perdemos oportunidades valiosas, eu poderia ter estudado com você.

– Isso não. Sua mãe não deixaria, menina.

– Mas, e papai? Doutor Amélio tentou sensibilizá-lo e não conseguiu.

– Sobre isso, nada posso falar.

– A não falar com proveito... – Camuca riu abraçando-a e terminou a frase: – ... Silencie!

– Aprendi isso com você. Na verdade, se tivéssemos dado atenção às lições que o seu desvelo nos ofertou, seríamos sábios hoje.

– Vamos parar com a conversa. Venha, me ajude com os livros.

Dona Rosália olhou meigamente para Romão, que não sofreava o pranto.

– E então, amigo? Observou bem o que é compreensão diante dos reajustes que devemos fazer?

Por entre lágrimas, ele pronunciou palavras:

– Eu pouco conheço o bem. Sou imaturo no que penso e falo. A meu modo, no meu egoísmo, já estava julgando que Camuca não merecia esses padecimentos. Estou me saindo um grande fracote. Perdão, amiga! Tentarei ficar mais atento e dócil.

– Confio na sua sinceridade. Venha, há muito a fazer.

CAPÍTULO 4

Apoio

Augusto, sob enorme constrangimento, acompanhado pelos protestos da filha e pelo silêncio-prece de Camuca, chegava ao pensionato.

Romana, antiga servidora daquele local, recebeu a amiga com profundas exteriorizações de afeto. Conheciam-se desde a adolescência, quando Camuca, órfã e desvalida, batera àquelas portas pedindo para trabalhar a troco de teto e pão.

Nas manobras finais de Augusto para estacionar o carro frente aos portões do antigo castelete, Camuca foi invadida por infindáveis recordações.

Relembrou, sob lágrimas, o desencarne doloroso da mãe viúva e a solidão na pressa de desocupar o cortiço onde moravam. Dona Eulália, proprietária daqueles cômodos, gritando-lhe a urgência de tirar os trastes que lhe ficaram da mãe.

Amedrontada, aos treze anos, saíra sem saber aonde ir. Guiada por amigos do plano espiritual, fora ter ao pensionato. O sorriso encorajador de Romana aquecera-lhe a alma. Sensível, madura e alegre, fora-lhe, então, toda a proteção naquelas horas amargas.

Ei-la agora, sob circunstâncias delicadas, a recorrer à querida amiga.

A pele, entretecida pelos toques do tempo, transluzia maturidade e leveza. Ares de soberana força, força que só o crescimento interior confere. As mãos se uniram às de Camuca. Doce sintonia emergiu vibrante.

– Este é o seu lar, Camuca. Fique à vontade.

A sensibilidade que lhe era inerente levou-a a sentir o constrangimento daquela hora. Procurou envolver Augusto e Letícia em grande carinho, desanuviando-lhes o coração.

– Poderíamos tomar um cafezinho. Fiz um bolo especial de fubá. Venham.

Aceitaram o delicado convite. Ficariam mais um pouco junto à amada Camuca.

– Obrigada, amiga Romana. Deus abençoe o seu coração. Obrigada por me receber.

– Teremos oportunidades para longas conversas. Fui premiada com a sua presença, Camuca. Dê-me essa sacola, venha.

– Romana, e os preparativos para o natal?

Augusto não sabia o que fazer para amenizar aqueles momentos. Buscava uma conversa boa no intento de transformar a angústia que os dominava.

– A campanha cresceu nos últimos dias. Recebemos as doações de seu escritório. Deus lhe pague, amigo.

– Continuaremos a agilizar recursos. As crianças merecem toda nossa atenção, Romana.

– Está fazendo campanha, papai? Por que não me disse? Quero ajudar.

Camuca rompeu o mutismo em que estava, feliz na possibilidade de ser útil.

– Aproveitarei essa folga para ajudar na campanha, que boa idéia!

– Com a sua ajuda, conseguiremos melhores recursos, Camuca.

– Letícia, minha menina, não se demore. Dona Carmem sabia que vocês viriam me trazer. Não aborreça sua mãe.

Augusto abraçou-a com enorme carinho.

– Não se preocupe, minha boa Camuca.

Romana percebeu a dor crescente entre eles e tentou acalmá-los.

– Camuca ficará muito bem. Voltem quando for possível.

O retorno fizera-se lento e tristonho para Letícia. Por muito se esforçasse, não conseguia conter as suas lágrimas.

– Dói muito, papai! Camuca não merece essa ingratidão de mamãe! Não sei viver sem o seu afeto, nasci próxima a ela.

Ao olhar para o pai, a jovem notou que as suas faces refletiam profunda preocupação. Acariciou-lhe os cabelos grisalhos.

– Gostaria de encontrar soluções boas para resolver as tristezas que nos envolvem. Lamento, minha filha.

Um pranto ameaçou dominá-lo. Letícia pediu-lhe parar.

– Há um pequeno parque logo ali, pare, por favor, papai.

– Talvez seja melhor mesmo. Não temos pressa, minha filha.

Várias crianças circulavam e corriam por entre canteiros, pipoca, algodão-doce e tagarelices.

– As crianças são felizes. Quanta descontração, risos e algazarra!

– São felizes e não têm consciência disso.

– Gostoso esse movimento. Lembra-se de nossas peraltices? Mamãe não suportava as corridas, os gritos e as estrepolias que fazíamos. O senhor nos concedia muito além do que merecíamos. Prolongávamos as horas, relutávamos e não queríamos voltar para casa.

– A cada momento, vocês queriam comprar alguma coisa, Letícia.

– O pior era quando cada um de nós queria uma coisa diferente. Cachorro-quente, cocada baiana, sorvete, pirulito. O senhor conseguia nos acalmar.

– Sinto grandes saudades da infância de vocês. Gostaria de reviver tudo isso.

– Reviverá, um dia, com os netos. Se Deus quiser, reviveremos essas alegrias.

Abraçaram-se fortemente e, com movimentos pausados, enxugando as lágrimas, Augusto colocou o carro em movimento.

– Estou atemorizado ao voltar à minha própria casa. As reações de sua mãe me assustam. Não sei como conviver com a agressividade que ela expressa.

– Nunca tive muita afinidade com mamãe. Algumas vezes, senti-me culpada, má e julguei não serem normais as minhas reações. Agora, começo a entender essas realidades que enfrentamos em nosso dia-a-dia.

– Estudar os meandros do planejamento reencarnatório é compreender essas diferenças. Nem sempre estamos aproximados daqueles que amamos, Letícia.

– Papai, quem poderia entender a minha união com Camuca? Uma serviçal quase analfabeta, mas um coração primoroso, inteligente. Amo-a sob um enlevo e uma confiança sem limites. Ficaria para sempre ao seu lado, amo-a mais do que à minha própria mãe.

Augusto afagou-lhe a mão.

– Agora, mais do que nunca, não posso recriminá-la ou estabelecer juízos a esse respeito. Somos filhos dos milênios, itinerantes em diferentes e múltiplas existências. Anseio estudar, refletir e trabalhar para entender bem tudo o que nos acomete.

– Papai, o senhor gostou de Camuca desde que a viu?

– Sim, minha filha. Os olhos melancólicos e esperançosos me envolveram transmitindo-me amizade. Um toque de reconhecimento me invadiu o coração. Naqueles dias, eu nada sabia sobre reencontro. Hoje, sei que estamos assinalados por uma seqüência sofrida e, ao mesmo tempo, feliz de vivências.

– Se me casar, eu a levarei comigo.

– E se não se casar, mocinha?

– Ficaremos juntas de qualquer maneira. Nosso amor é capaz de transpor limites.

O coração de Augusto acelerou fortemente. Estava diante dos portões de sua casa. Letícia abriu-os como quem não queria entrar. Lentos e pensativos, adentraram a sala. Enorme silêncio, sinais de que a casa estava vazia. Respiraram aliviados e buscaram descanso.

..*

Letícia caminhava pelo espaço aberto da Universidade, alheia ao que a cercava. Uma voz causou-lhe sobressaltos. Mariana dirigia-se a ela.

– Poderíamos conversar, Letícia?

Um estremecimento brotou d'alma. Examinou Mariana com insegurança. Morena, a tez sedosa, cabelos macios, corpo bem delineado. Relembrou as palavras de Renata. O encontro entre ela e Eduardo era-lhe alguma ameaça. Pensou em dona Rosália e desejou proteção. Não queria fugir ou transferir aquela conversa.

– Como você quiser, Mariana.

– Busquemos um local calmo. – À medida que caminhavam, Mariana ia falando sem parar. Um certo nervosismo transparecia no tom de voz. – Aqui na Universidade não é fácil um lugar sossegado. Fiquemos aqui. Parece-me bom.

A pele alva de Letícia fizera-se indescritível sob a tensão que o encontro lhe provocava. Os olhos realçavam-se, distinguindo-a sob rara beleza. Os lábios trêmulos lembravam um fruto maduro ao se sentir ameaçado no desprender do galho.

– Renata me falou de seu encontro com Eduardo.

– Eu pedi para conversar com ele. Deixarei esta cidade e desejava lhe agradecer a amizade e os bons momentos que vivemos na Biblioteca. Gosto da ponderação que ele expressa. Eduardo sempre foi meu amigo.

– Não foi esse o seu desejo. Sei que você o ama. Cheguei a pensar que, talvez, você o tornasse mais feliz do que eu.

Mariana jamais se julgou capaz da transparência que a tocava naquela hora. Com segura tranqüilidade, sem pressa, expôs o seu sentimento.

– Eduardo não seria feliz ao meu lado. Ele a ama. Lute por ele, Letícia.

– Preciso lutar por mim mesma, Mariana. Nós nos amamos e

as possibilidades de felicidade entre nós são reais, mas eu não lhe ofereci o que merece. Doutor Amélio e professor Gustavo estão me orientando. Comecei a estudar os fundamentos da Doutrina Espírita e sei que acessei o caminho certo. Não pouparei esforços para seguir além da filosofia. Gosto de ler e refletir e os livros da bibliografia espírita são diversificados, fascinantes, cultos e acessíveis, mas preciso exercitar o sentimento em práticas diárias. Ficarei bem e conquistarei condições para entregar ao meu eleito o melhor de mim mesma.

– Eu a procurei por ter notado que vocês estão afastados. Não se perca dele, Letícia.

– Não pensou em se aproveitar desse nosso afastamento?

– O sentimento que os une é muito forte, não existe a menor possibilidade de relação afetiva entre nós dois. Eduardo não consegue pensar em constituir uma vida longe de você.

– A sua sinceridade me emociona...

Os olhos de Letícia encharcaram-se de pranto. Uma dor tomou-lhe o peito. Mariana percebeu-lhe a angústia. Tentou distraí-la da emoção que a dominava.

– Eduardo me sugeriu procurar o professor Gustavo. Que bom tudo o que você me diz! Onde eu poderia adquirir esses livros?

– Na Casa do Sol, existe uma variedade imensa de bons livros.

– Já estive nessa livraria, mas não prestei grande atenção à seção de livros que versam sobre esse assunto. Tentarei escolher alguma coisa, obrigada.

– Não compre aleatoriamente. Há uma seqüência lógica na Codificação Kardequiana. Oriente-se com o professor Gustavo. O bom aproveitamento do tempo é responsabilidade nossa. Por que desprezar o encadeamento sábio da Doutrina, se exatamente bom-senso norteou o Codificador no ideal de um trabalho sério, útil e compreensível?

Mariana olhou-a meio espantada. A ênfase de Letícia causava-lhe uma emoção boa.

– Quanta empolgação, Letícia!

A jovem meneou a cabeça, suspirou fundo, olhou os jardins e, com firme tranqüilidade, ponderou:

– Não é empolgação, Mariana. É um sentimento de respeito e amor. Os estudos e as práticas espíritas farão parte inequívoca de minha vida.

– Gostei de ouvi-la. Sinto-me motivada a procurar o professor Gustavo o quanto antes. Estou precisando muito desse apoio e desse dinamismo que sinto em você.

– Se precisar de alguma coisa, procure-me. Obrigada por sua sinceridade, Mariana.

– Foi um grande prazer falar com você. Adeus, Letícia.

Ao vê-la se afastar, Letícia desejou presenteá-la com um bom livro. Pensaria com calma e faria a escolha.

Capítulo 5
Alegria

Maurício estava absorto, sentindo o sol morno que aquecia a tarde. Ora ou outra, o vento fazia rolar folhas ou restos pelos homens abandonados no chão.

Seguia e se esbarrava nos que transitavam pela rua, pensando firmemente no que gostaria de conversar com Gustavo Lumer. Idéias fervilhavam-lhe no anseio de cumplicidade. Finalmente, encontraria os esclarecimentos que há tanto tempo esperava. Tornar-se-ia um pesquisador. Intrigava-lhe a formação do psiquismo, o espaço-tempo, as questões relacionadas à reencarnação e à justiça divina. As interrogações não mais ficariam vazias, perdidas na insatisfação. A admiração que lhe despertava o ilustre professor vibrava, agora, em emoções suaves a predizerem entendimentos e evoluções na continuidade do que pretendia ao lado dele. Lamentava apenas a ausência do amigo querido. Eduardo preferira aguardar a seqüência das transformações que se ensaiavam no ar. Sabia de todos os passos de sua amada. Não por vã curiosidade, mas no respeito e amor que lhe dedicava.

Maurício olhou para um lado, virou-se calmamente para o outro, respirou e quase espreguiçou sob a tarde morna. A casa de Gustavo Lumer alteava à sua frente.

Um estado lânguido de tranqüilidade e euforia o tomava por inteiro. Tinha vontade, o velho desejo de dar piruetas e conduzir alegrias a quantos por ali passavam. O peito inflava, sentia-se um rei e um menino. Talvez um mágico a querer adentrar um mundo desconhecido, o espiritual, mas que lhe acenava estupendo, sem os limites estreitos dos interesses imediatos.

Abstraiu-se nas lembranças da infância. As roupas novas, extremamente cuidadas pela mãe, os ofícios religiosos impostos por ela. A igreja repleta de vultos a se moverem, intrigando-o seriamente. Percebeu um formigamento na face esquerda. Massageou-a. Veio-lhe à mente a bofetada que lhe dera a mãe no intuito de acordá-lo daquilo que ela chamava de pesadelo: o filho falando com alguém nos jardins de sua casa, um ser invisível que tentara irritá-lo. Com apenas nove anos, procurou descrever quem o abordava. A mãe sentiu-se ameaçada, histérica, temendo pela sanidade de Maurício. À custa de grandes lutas, por alguns anos ainda da adolescência, conviveu com as sombras e as bênçãos, realidades do seu viver. Mergulhado nas lembranças, foi surpreendido por mãos fortes que o acordaram com simpatia.

– Pontual como sempre, meu jovem.

– Professor Gustavo! Desculpe, nem o vi se aproximar.

– Fui comprar umas roscas, Frances adora um bom lanche à tardinha. Venha, Maurício.

A sala espaçosa em nada se assemelhava a local de visitas, contatos formais e aparências. Uma descontração organizada. Frances saudou-o como se já o conhecesse.

– Fique à vontade, Maurício. Gustavo o esperava irradiante de alegria. Uma boa conversa, na possibilidade de aprofundamentos, é-lhe a opção ideal.

Maurício sentia-se sob um halo de encanto. Nunca tivera essa sensação, naturalidade absoluta diante de alguém. Sentiu uma vontade irrefreável de abraçá-la e chorar. Ficou imóvel, mudo, sem ação. Gustavo Lumer percebeu o impacto e o constrangimento que brotavam no coração do rapaz. Intuiu o reconhecimento que lhe tocava a alma.

– Reencontros são naturais, meu jovem.

Ele balançou a cabeça, controlou um choro que lhe fazia tremer o peito.

– Perdão, estou sem jeito, senhora.

– E eu, feliz, Maurício. É bom quando alguém, tocando-nos os recônditos d'alma, leva-nos ao encontro de histórias de amor. Tranqüilize-se, ao vê-lo percebi, claramente, que o conheço. Não um simples conhecimento, mas um sentimento profundo na constatação de realizações mútuas.

– Nem sei o que dizer, perdão, senhora!

– Frances, pode me chamar de Frances.

– Obrigado, vou tentar ser natural.

– Sente-se, por favor.

O reencontro com a companheira de seu professor desconcertara-o. A enorme simpatia, aliada à atenção sincera que ela lhe votava, era-lhe um bem muito grande.

As perguntas, ansiosamente pensadas, esvaziavam-se. Uma espécie de tristeza começava a crescer. Não queria perder a oportunidade, mas recobrar a calma lhe parecia difícil.

Professor Gustavo veio ao encontro de seu constrangimento. Frances alegou vontade de cuidar do lanche.

– Maurício, esses reencontros são naturais. Que bom que existem! Eles atestam imortalidade, vivências passadas, realizações que nos foram próprias. Frances é muito comunicativa. Por certo, assim se cultiva há muito tempo.

– Segue-o nas suas pesquisas?

– Conduz-se melhor do que eu. É médium clarividente, clariaudiente, psicofônica. Com essas possibilidades, atinge níveis que não me são acessíveis. Frances guarda um percentual muito bom de suas vivências no incorpóreo. A semiliberdade do sono lhe confere dignas oportunidades.

– Professor Gustavo, eu preciso de muito bom-senso. A alusão a essas vivências me comove. Fico emocionado, excitado, com vontade de me atirar de cabeça nessas histórias. Há anos, contenho-me por falta de cumplicidade. Guardo lembranças muito fortes de fatos que me acometeram ao longo da vida.

– "Ao longo da vida". – Gustavo Lumer riu. – Quantos anos tem, meu jovem?

– Completei vinte e três. Parece, no entanto, que tenho quarenta. Não me sinto tão jovem.

– Acometiam-no vivências relacionados ao incorpóreo, Maurício?

– Por diversas vezes, fui acometido por alucinações, professor.

– Alucinações...

– Maneira de falar. Começo a pensar que estamos mergulhados na proteção superior. Simples aproximações que os mais velhos chamavam de alucinações. Preciso de estudar e peço-lhe me orientar. O que devo ler, que reuniões preferir, ajude-me a fazer o melhor para a minha evolução!

– Marília, nossa atendente na Livraria Rumos de Luz, é gabaritada a orientar face a diferentes necessidades. Procure-a o quanto antes.

– Atrai-me a parte científica, mas não quero ceder apenas ao que gosto. Preciso da filosofia espírita e muito mais do sentimento religioso. Penso que não se alcança esse sentimento sem a prática do bem. Conheci um padre nas missas a que era obrigado a comparecer, padre Aurélio, um homem sóbrio e atento aos atos que aproximam os homens. Disse-me, algumas vezes, que poderíamos deixar escolas e igrejas, caso as nossas ações erigissem abrigos interiores para acolher a quantos nos cercam.

– Certíssimo esse seu amigo, Maurício.

– Lamentavelmente, ele foi transferido. Cuidava dos pobres melhor do que ninguém. Lutava pela união das criaturas independente de credos religiosos. Fui testemunha de conversas entre padre Aurélio e fiéis de outras crenças. Eu sou dos que ainda precisam estudar muito para entender alguma coisa. No trabalho fraterno, sou um desconhecido. É desumano pensar que não conheço realizações de amor, puro amor entre mim e o meu próximo. Não quero perder mais tempo. Aceite-me sem escolhas. O que lhe parecer bom, ajude-me a realizar.

– Temos algumas obras em andamento. Famílias assistidas pelo nosso grupo recebem apoio na reconstrução de suas casas. Nem sempre poderíamos chamar de casas, mas são abrigos que lhes ofertamos com grande respeito.

– Barracos, quartos apertados, telheiros protegidos por madeira de caixotes. Fiz um trabalho sobre essa realidade brasileira e sei que são milhares de pessoas ao desabrigo. Gostaria de ser útil. Sei pregar alguns pregos, serrar madeiras...

– E conduzir alegrias, meu jovem.

– Penso que fui palhaço. Na adolescência, assomavam lembranças em que eu me reconhecia fazendo peraltices.

– O homem atual se mostra acabrunhado e triste. Ansioso e indiferente, deixa longe a graça do riso, as brincadeiras sadias.

– Não me contenho diante da tristeza. Invade-me uma vontade sem limites de provocar condições de graça e descontração, professor Gustavo.

– Eu aplaudo a sua capacidade. Cultive esse dom, expanda sua alegria, confie no bem que o seu jeito de ser possa conduzir.

– Preocupo-me um pouco com isso. Terei possibilidades dessas realizações na área de Engenharia?

– Nossa vida não é, tão-só, o profissional. Mas penso que a agilidade e a capacidade de transformação dos palhaços sejam úteis a um engenheiro, Maurício.

– Algumas vezes, senti-me desajustado. As brincadeiras, mesmo sadias, passavam idéias de irresponsabilidade. Muitos me julgavam mal. Não me levavam a sério, professor Gustavo...

– Brincadeiras não provocam incompreensões. Os mesmos que o julgaram mal, julgam a todas as pessoas em quaisquer circunstâncias. Poucas pessoas se respeitam e sabem conviver com educação. Uma séria desconfiança cresce em toda parte. O homem parece ter perdido a capacidade de distinguir o bem do mal.

– Distinguir o bem do mal. O respeito do desrespeito, a sinceridade da hipocrisia, professor.

– Desatento à sensibilidade de seus semelhantes, julga arbitrariamente e condena de forma inconseqüente, Maurício.

– Condena à solidão, ao vazio e à inutilidade, recusando-se ao convívio e às trocas que possam enriquecer o coração. Professor Gustavo, a inibição que me envolveu há pouco vai cedendo campo a uma fertilidade mental forte. Sinto vontade de falar, de fazer perguntas, de pensar sobre coisas boas. Minha cabeça parece fértil.

– Frances e eu realizamos longos estudos nesta sala. Há anos, este reduto nos agasalha para vibrações boas, empreendimentos não apenas na área do estudo, mas da prática amorosa. Nós nos reunimos, com alguns amigos, para o culto cristão no lar nesta sala. Ela está impregnada de bons fluidos. A sua sinceridade nessa busca o coloca em contato com outras mentes positivas que nos orientam.

– Vivo uma carência muito grande em relação a contatos como este. Farei esforços nesse sentido, professor Gustavo.

– O culto no lar é realizado aos domingos à tarde. Venha participar conosco, quando puder.

– Virei com o maior prazer, obrigado. Domingo é um dia conferido ao descanso e respeito a nossa necessidade de refazer forças, mas não gosto desse "nada-fazer" do domingo. Esse convite me lisonjeia. Mal acredito que chegamos ao fim do curso de Engenharia felicitados por essa bênção! – Maurício parou pensativo. Calmo, Gustavo Lumer o olhava. – Lamento a ausência de Eduardo. Sabia que somos amigos desde a infância?

– Talvez não seja, tão-só, da infância.

Emocionando o rapaz, Frances voltava convidando ao lanche.

6

CAPÍTULO

Reencontro

Frances despertou sob um vibrar de amor. Gustavo, ao seu lado no leito macio, prendia-se aos raios de sol que vazavam por entre as frestas da janela. Ela o acariciou, aninhando-se nos seus braços.

– Nada se compara ao amor divino! Agradeço a Deus e a quantos, ao longo dos milênios, contribuíram para o bem que a humanidade desfruta hoje.

– A Doutrina dos Espíritos é bênção à nossa vida, Gustavo.

– Não à nossa vida. É bênção a todos.

– Você está certo. Como é bom entender a dor, não rejeitar a idéia da morte, caminhar como seres eternos. Esse estudo descerra todos os véu da ignorância. Lança-nos ao encontro de verificações de amor. Sou feliz, Gustavo! Quero trabalhar mais e mais, ser digna dessas inesgotáveis demonstrações de amor que a Vida entrega.

– Frances, a noite recobriu-se de bênçãos. Guardo as noções principais do encontro que nos foi concedido.

– Fiquei, como você, com a lembrança dessa vivência feliz. Quero preservar este estado bom que me toca a alma.

***

Na residência de Augusto, delicadas emoções pairavam no ar. Letícia despertara mais cedo do que lhe era habitual, banhara-se, escolhera muito bem o que vestir e buscara os familiares. Tão-só o pai estava acordado e já remexia no jardim.

– Acordando as flores, papai?

– Você está linda, minha filha. Há tempos não a vejo com esse viço nas faces. Cabelos repuxados, brilho no olhar, sorriso nos lábios. Dormiu nos braços de algum anjo?

– O senhor me parece ótimo. Que anjo o embalou?

– Eu não sei falar dos anjos. Afastei-me do céu e nunca procurei por eles. Mas sonhei com dona Rosália e ela, por certo, é uma inigualável amiga. Despertei bem-disposto e não cessarei as conquistas. Todo o meu coração anseia aprender para a harmonia com Deus.

Letícia abraçou-o longamente.

– Não me afastarei dessas buscas, paizinho. O meu anseio é tão grande quanto o seu.

– Letícia, não me abrace. Estou sujo de terra, transpirando, não tão cheiroso quanto você.

– Eu rolaria por entre esses canteiros, se pudesse. Tomarei mil banhos, não se preocupe. Pensei em conversar com mamãe. Acordei com essa determinação.

– Cuidado, minha filha, sua mãe não está sozinha. Tenho pensado sobre isso e, embora iniciante nesses estudos, sinto que tem conivência com alguém em desequilíbrio.

– Serei cuidadosa. Pensei em visitar Camuca e levar-lhe algum agrado, o que acha?

– Vou tomar um bom banho e iremos ao encontro de nossa boa Camuca.

– Ela adora flor, papai.

– Colha de nosso jardim, filha.

– Margaridas!?

– Penso que são simples e belas como ela. Com certeza, irá gostar. Espere apenas um tempinho e já volto.

– Aproveitarei para ler um pouco.

– Eu já concluí a primeira leitura de "O Livro dos Espíritos". Retomarei com maior atenção e gostaria de estabelecer com você um horário especial para um estudo a dois.

– Não há idéia melhor. Somaremos as nossas dúvidas e talvez fiquemos mais confusos ainda.

Os dois riram com largueza.

– Se isso ocorrer, sairemos à cata de nossos mestres, Letícia.

– Pobres deles! Sofrerão o impacto de nosso desconhecimento, papai.

Augusto, bem humorado, qual criança livre, puxou-lhe os cabelos.

– Talvez não sejamos os mais inteligentes, mas seremos esforçados. Esforços sinceros trazem vitórias, daí...

– Daí seremos aprendizes e não enganadores, senhor Augusto.

– Vamos parar com essas brincadeiras, menina! Vou ao banho!

Letícia e Augusto surpreenderam Romana e Camuca na espaçosa cozinha do pensionato. Um cheiro bom de café rescendia no ar. A broa bem assada instigava os visitantes. Romana, solícita como lhe era natural, abraçou-os feliz.

– Nosso café não poderia ser melhor! Que boas companhias!

– Camuca querida, a saudade vai arrebentar o meu peito!

Abraçaram-se longamente.

– Falávamos de vocês. Camuca relembrava as experiências felizes desses anos.

Romana atendera por muito tempo aos afazeres mais simples daquele local. Aos mais sensíveis, parecia uma condessa. Porte fidalgo, mãos leves no toque, andar soberano como a saber o que buscar. Voz sonora, boas palavras. Palavras perfeitamente articuladas, comunicação fácil mesmo com os mais letrados.

– O pensionato está em silêncio absoluto, Camuca!

– Hoje é feriado, minha menina. As pessoas gostam de dormir.

– Camuca e eu acordamos cedinho, fagueiras como se fôssemos adolescentes. A noite foi pródiga aos nossos sentimentos.

– Consegue se lembrar desses acontecimentos, dona Romana?

– A maior parte das vezes, consigo acesso a esses trabalhos, Letícia.

– Dona Romana, acredita que sempre ocorram realizações boas nessas oportunidades que a noite traz?

– Jesus, o nosso Mestre, orientou que o nosso coração estaria onde estivesse o nosso tesouro.

– E isso significa...?

Augusto se interessava pelo assunto de forma direta.

– Que somos razoavelmente livres para fazermos opções. Não há obrigatoriedade, não somos forçados a esse ou àquele caminho. Aprendizes buscam lições, indiferentes querem ociosidade. Não ignoramos que, a partir de nossa decisão nos rumos do bem, o acesso às realizações boas nos é facultado objetivamente.

– Somos muito mais responsáveis do que pensamos perante os atos que nos são próprios. Não há como acusar ignorância. Terminei a leitura do livro básico da Codificação e um mundo de revelações tocou o meu ser. A gente faz a escolha.

– Dessas escolhas, nascem amigos ou comparsas. Dedicação ao Pai ou luta contra Ele.

Camuca pensou alto:

– Jesus pediu orar e vigiar ou vigiar e orar, não me lembro da ordem perfeita.

– Mas vamos saborear essa broa especial de Camuca. Sentemse, por favor.

– Camuca deve ter colocado o seu fermento especial, o amor. Que delícia!

– Letícia, pegue o leite, se for do seu gosto.

– Obrigada, dona Romana. Parece intuímos, papai.

– Intuímos!?

– Quanto a chegarmos cedinho para saborearmos essa broa especial e esse café gostoso.

– Há muito tempo não vejo minha menina alegre como hoje.

– É verdade, Camuca! Eu sempre fui meio assustada. Mas parece vou ficar boa.

– "Parece", Letícia? Você vai ficar mais forte. As buscas que você e o seu pai iniciaram são muito importantes. Confie, pois a força de se acreditar no bem gera bênçãos e conduz adiante a novas e seqüentes conquistas.

– A senhora fala com tal convicção que sentimos ser possível transformar a dor e vencer a ignorância, dona Romana!

– Dona Romana fala com firmeza e tranqüilidade. Transmite-nos uma emoção que leva à frente. Obrigado por nos receber logo cedo.

– Nada de agradecimentos desnecessários. Pensemos que Deus nos concede todo o bem e que o exercício da fé confere serenidade, senhor Augusto. Com fé em Deus, tudo se alcança.

– Nunca mais me afastarei dos estudos e práticas que estou iniciando. Estou feliz.

Augusto passou as mãos pelos olhos. Sua emoção fazia-se sentir em lágrimas discretas. Acariciou a mão da filha.

– Que possamos lutar juntos, Letícia!

Camuca buscou descontraí-los.

– Atenda sempre às suas intuições, minha menina. Venha trazer alegrias.

– Camuca, nem sei o que é intuição. Quando estou agindo sob intuição? Ignoro tanta coisa...

– Como aprendiz, na seqüência das lutas, saberá distinguir intuição de orientação. Aprenderá nas suas vivências.

– Redobrarei esforços pois anseio saber mais para viver melhor, dona Romana.

– A intuição é um movimento perceptivo rápido. É captar uma realidade sob a compreensão do que se deve fazer. Poucos entendem e atendem à intuição. Julgam-na idéia tola por não fazer seguimento a raciocínios elaborados. A intuição é natural, espontânea e não se baseia em modelos prontos, Letícia.

– A orientação, eu entendo melhor. Ela vem de outra pessoa com critério e bom-senso.

Camuca refletiu com os amigos.

– Orientação não é palpite.

Letícia riu, beijando-a suavemente.

– Palpites existem aos montes, Camuca!

– São dados alheatoriamente, sem análises ou juízos acertados. Esses, conheço bem.

– Por que, papai?

– Não entendi, minha filha.

– Por que os conhece bem?

– Na vida profissional, esbarrei-me com pessoas ansiosas. E a ansiedade provocava os palpites. Um desenrolar sem fim de "faça dessa ou daquela maneira". Os palpiteiros são inconseqüentes. Falam sem bases claras e indicam coisas que eles mesmos não fazem. Parece têm soluções para quaisquer circunstâncias e não resolvem as mais simples.

Letícia olhava-o meio espantada.

– Nunca pensei nesses aspectos, papai. Preciso ficar atenta. Será que dou palpites e não percebo?

– O ideal, minha filha, é aguardar a solicitação do outro para, então, nos expressarmos.

– O senhor está certo. Muitas vezes, as pessoas falam apenas para desabafar, e lá vêm os palpites.

– O Mestre Jesus alerta-nos que a nossa boca dá testemunho do que está cheio o coração.

– Lindo, dona Romana!

– Não é apenas bonito, mas significativo. Importante atentarmos a essas realidades e buscarmos equilíbrio a tudo que fazemos.

Augusto e Letícia não estavam com pressa e, sob a bênção da amizade, prolongaram a conversa.

7 Capítulo
Surpresa

Romão sentia-se um tanto ansioso e, com espontânea alegria, desabafava com Rosália:

– Em determinados momentos, sinto-me um menino tolo e inexperiente. Fui destacado para desdobrar esforços junto a vocês e acabo choramingando a cada instante em que estou próximo à sua família.

– Romão, meu amigo, exatamente nessas emoções tecemos os fios que compõem nossas forças. Participar friamente pode não ser útil.

– Mas estou qual criança chorona! Os seus familiares me conquistaram em muito pouco tempo.

Rosália ouvia-o plena de compreensão.

– A sua emoção não nos tem atrapalhado, fique tranqüilo. E será que foi em pouco tempo que o conquistaram?

– Pensar no tempo é muito relativo. Como explicar ou entender o amor ou desamor relacionados ao tempo? Talvez a senhora esteja certa. Não existe o "de repente". Se notar excessos emocionais em meu comportamento, ajude-me. Careço de estabilidade emocional.

– O tempo é essa seqüência boa que vamos vivendo. Amor ou

desamor crescem como resultado de lutas ou comprometimentos. Mas não é talvez, Romão. Temos estudado e o acesso que estamos fazendo é a verdade. Como se sente neste momento?

– Muito bem, calmo, vontade reforçada para cumprir com os meus deveres.

– Iremos à sua casa, Romão.

O seu espanto não poderia crescer tanto. Nervoso e confuso, tentou recuar:

– Não, não, por favor, amiga! Preciso de mais tempo, não estou preparado! Talvez fosse bom avisar os familiares... Chegar num repente pode não ser bom! Nanci ficava irritada com visitas inesperadas, os filhos poderiam não estar em casa... A minha indecisão pode ser o indício de que este não é o momento ideal! Agradeço-lhe, eu mesmo lhe pedi esse apoio, mas não vou aceitá-lo, obrigado. Os meus amados merecem um reencontro bem planejado. Esperei tanto anos, poderei aguardar mais um pouco!

Rosália olhava-o firmemente. Ele falara num só fôlego, agitado e sofrido.

– Querido amigo, o melhor momento para agirmos é o que Deus nos assinala. Os nossos instrutores concederam-nos esta hora. Eles conhecem as nossas mais secretas possibilidades e jamais solicitam além do que somos capazes. Esforce-se para reconhecer os sinais da bondade superior perante nossos débitos tão grandes e não negligencie oportunidades. Negligências dominaram-nos por muito tempo. Gostaria realmente de postergar o encontro?

A palavra clara e objetiva ressoava ao seu coração com a força da verdade. Romão permaneceu longos minutos em silêncio. Ressentia-se face à fragilidade que lhe era própria. Não lhe era fácil reconhecer medo no íntimo.

– Preciso me trabalhar muito, muito! Tenho dificuldade para reconhecer coisas simples. Como vencer a prepotência e o medo?

– Romão, recolha-se em prece. Esses reencontros são, a maior parte das vezes, envolvidos em fortes emoções.

– A minha fragilidade emerge e não tentarei escondê-la. Não pensei na possibilidade do medo. Julguei que seria bem diferente. Questionamentos assomam neste momento. Será que os filhos se lembram do pai? E Nanci, guardará nosso amor na esperança do reencontro? Não, não sei. Sinto-me frustrado, decepcionado comigo mesmo. Estou bem pior do que pensei. – Romão, na seqüência do desabafo, mergulhava em um pranto sofrido. – Morrer foi doloroso, indescritível na perspectiva do nada. Agora, a oportunidade da reaproximação me assusta enormemente. Será que, algum dia, Nanci e os filhos pensaram em Deus, na eternidade e fizeram orações pela vontade de minha presença? Mostrei-me repetitivo, tantas vezes, ao lhe pedir perdão. Mas o que me resta, meu Deus? Não consigo viver a coragem e a alegria que dignificam o ser. Ajude-me, amiga.

Um pranto extenso esvaziava-o de expectativas e temores.

Rosália não expressava a menor ansiedade e, com grande carinho, deixou-o chorar no seu ombro.

O abraço cálido, energético e leve foi-lhe o tônico ideal. Suavemente, foi se acalmando.

– Prefere mesmo transferir?

– Não, amiga. Buscarei força em Deus. Confio na proteção superior. Vamos?

Unidos a outros amigos, seguiram a rota correta que os levaria ao encontro dos familiares selecionados para o encontro. Em um ponto conveniente da grande cidade do interior, separaram-se.

– Penso que jamais poderíamos viver uma experiência como esta sozinhos.

– Há muita bondade por toda parte, mas, na espiritualidade, as expansões de amor são seqüentes. Nossos instrutores agem com brandura em todas as circunstâncias. Conhecem-nos as fragilidades, contam com os nossos esforços e semeiam conosco.

As janelas abertas deixavam entrever as cortinas de bom gosto. O jardim destacava um capricho meticuloso na escolha dos tons.

Tudo criteriosamente arranjado. O sinete da porta atraiu-lhe a atenção. Fora presente de seu pai. Rosália mostrava-se alegre e firme.

– Vamos entrar, amigo?

– Não precisaremos tocar o sinete. Isso ficou no passado.

– Entraremos em nome de Deus e os que caminham em nome de Deus são bem-vindos.

Percebia-se uma rigidez impregnando o espaço bem mobiliado. Naquele reduto, a liberdade andava distante. Romão tocava cada parte de tudo o que via, qual se nada reconhecesse.

– Se estivesse sem o seu apoio, eu afirmaria ter entrado na casa errada. Apenas o sinete foi conservado, apenas ele identifica um tempo que me traz saudades.

Vozes surgiram rasgando o ar. Vozes juvenis. Romão estremeceu. Um jovem, com ares de modernidade, mostrava-se ríspido com quem, talvez, fosse sua namorada.

– Já lhe pedi, Fabíola, para não mexer nas minhas coisas!

– Guardaria segredos, Júnior?

– Você é simplesmente minha namorada! Os seus ciúmes me aborrecem!

Romão aproximou-se do filho, tocando-lhe as faces. Nenhum movimento sobreveio que pudesse indicar-lhe reconhecimento.

Rosália adentrou a sala de jantar e buscou a parte posterior da casa.

Águas claras, piscina bem construída, vasos floridos circundando-a. Uma mulher ainda jovem altercava com um cavalheiro de meia-idade.

– E por que não realizarmos essa comemoração no melhor clube da cidade?

– Venho buscando me resguardar, Nanci. A violência cresce a cada segundo. Você gosta de expor nossa condição econômica, eu não!

– Romão trabalhou feito um idiota, você passa a maior parte do tempo cuidando de negócios, e nos escondemos? De maneira nenhuma! Quero o melhor carro, vida social intensa, viagens ao exterior. Não vou escravizar-me ao dinheiro! Não aproveitar o que temos é tolice!

– Faça como quiser! Você é renitente, cansativa e inconveniente quando deseja alguma coisa. Nunca consegue ser ponderada!

– Os pobres, Maércio, esses têm de contar moedas, pensar no que vão gastar, fazer planos a longo prazo. Não desprezo a minha condição e jamais serei ponderada. Fique distante se quiser, mas não me aborreça. A festa será como eu determinar.

Maércio se afastou um tanto angustiado. Ao mesmo tempo, delicada jovem se aproximava.

– Tio Maércio, um telefonema para o senhor no escritório.

– Obrigado, Susana.

A jovem olhou Nanci com certa melancolia.

– Mamãe, preciso lhe falar.

– Susana, não me venha com carolices em um dia lindo como este. Troque essa roupa e venha para uns bons mergulhos.

– Como se sente nos dias de chuva, mamãe?

– Felizmente, temos o brilho das moedas. Esse substitui o do sol.

Os olhos melancólicos de Susana fixaram o infinito.

– Tenho sentido fortes saudades de papai.

Romão sentiu-se estremecer. Rosália deu-lhe um leve sorriso.

– Pare, Susana! Sabe que Maércio sente fortes ciúmes. É tolo, inseguro e ciumento, não percebe que a morte é o fim. Para que temer aqueles que não existem mais?

– A senhora se engana, mamãe! Sei que papai está vivo. Está vivo e nos ama.

– Não estou interessada em suas crendices e me arrepia a possibilidade de ser lembrada por quem já morreu.

Nanci olhou-a desconfiada.

– Tenho vivido grandes alegrias. Gostaria de lhe contar.

– Depois, Susana. Uma coisa de cada vez. Agora é a sua festa.

A jovem a interrompeu bruscamente.

– Não quero festa, mamãe.

Nanci saltou da espreguiçadeira deixando cair o copo que segurava.

– O quê? Vai recomeçar com as suas manias? Já decidi, Susana, faremos uma grande, não, não, uma inigualável recepção. Você vai completar dezoito anos. Dou-lhe viagem, carro novo, roupas, jóias, o que escolher, mas a festa é imprescindível!

– Não consegue deixar de expandir sua vaidade, não é? Componha-se melhor, mamãe!

Num segundo, a jovem tremia de dor pela bofetada que lhe marcava a face.

– Atrevida! Não me desafie com o seu mau gosto! Sua arrogância não tem limite! Vaidosa, eu? Tenho dinheiro e quem tem dinheiro tem direitos. Você me inveja, Susana! Quer saber, eu sempre notei a sua inveja implicando com o meu bom gosto! Com a elegância que assumo!

– Não, mamãe, está enganada. Gosto do seu bom gosto. Mas falei de seus excessos e extravagâncias. Gasta a herança de papai sem o menor cuidado. Expõe-se e humilha as pessoas.

– Tem medo da pobreza, Susana? Não se preocupe, Maércio é rico e somos casados em comunhão de bens. A sua parte está preservada, deixe-me fora de suas manias. Não há excesso no que faço. Não tenho os seus bloqueios, vergonhas, complexos. Vou desfrutar quanto puder de tudo o que tenho. Não lhe pedi opinião. Não dê palpites!

Romão estava estupefato. Uma dor tomava-lhe o coração.

– Não a aborrecerei, mamãe, com licença.

– Espere, mocinha. O que tinha para me dizer?

– Nada de muito importante, não se preocupe.

Susana deu alguns passos, mas Nanci a chamou.

– Ouça, um dia você me entenderá muito bem. A morte de seu pai me ensinou demais. Mudei, felizmente mudei depois que ele se foi. A dor e a revolta contribuíram para muita coisa. A vida só vale pelo que podemos aproveitar e aproveitar sempre mais. Nunca mais guardei nada. Maércio não foi uma escolha de amor. Percebi que ele poderia nos legar maiores bens, ajudando-me a administrar a herança que nos ficara. Vivo intensamente e gosto desse viver. Poupe-me de suas análises e críticas.

– Papai ficaria triste se a visse hoje.

– Seria feliz, sua tolinha! Ele gostava mais do que eu de tudo o que o dinheiro compra. Com ele, aprendi a valorizar as moedas e o enorme prazer que se pode obter com elas.

Romão olhou para Rosália como a lhe pedir apoio. Enorme constrangimento o dominava.

– Papai nos amou mais do que tudo. Amou-a muito, mamãe.

Por um rápido instante, Nanci deixou transparecer nas faces alguma emoção. Os olhos brilharam lágrimas que não caíram. Ágil, Romão se colocou à sua frente, num impulso segurou-a pelos ombros e lhe disse sob um impacto emocional forte:

– Nanci, Nanci, minha querida, sou eu! Lembra-se, o seu Dadinho? Não existem morte e proibições quanto à proximidade que ansiamos. Deus é união e renascimento perfeitos. Ouça-me, eu lhe peço!

Nanci estava estática. Uma lembrança vaga dos anos compartilhados assomava ao seu coração.

– Prefiro não questionar sobre o seu pai.

– Alguma razão para que fuja desse assunto?

– Maércio...

Susana não deixou que continuasse.

– A senhora sepultou papai para não pensar na realidade da Vida. Teme as provas a que fomos ou seremos submetidos. Preservar a lembrança dele é reviver sofrimentos, é constatar o inevitável de uma transformação que parte da humanidade insiste em chamar de morte. Revolta, mamãe? Ao invés de permitirmos revolta em nossa vida, deveríamos buscar, no carinho de Deus, as razões que determinam resgates dolorosos.

– Os sermões de padre Alfredo estão afetando o seu bom-senso. Largue-se da igreja, mocinha. Você vem se isolando excessivamente. Preterir os prazeres naturais à sua idade não é sadio.

– A que distrações se refere? Bailes, festas, praias, viagens, luxo? Sinto-me bem estudando e buscando Deus. E não me afastarei da escolha que fiz.

– Falar de escolhas aos dezoito anos é precipitado. Ainda mais você, que passa a maior parte do tempo distante das melhores coisas da vida.

Susana silenciou por precaução. Insistir na conversa poderia ser danoso para a família. Irritada, Nanci acabava por implicar com todos eles.

– Mamãe, vou ligar para Lúcia. Combinamos um passeio na casa de campo dos pais dela. Com licença.

8

Constatação

CAPÍTULO

Romão seguiu a filha. Na sala de jantar, percebeu que Susana enxugava as lágrimas.

– Filhinha, sou eu, papai! Lembra-se de nossas brincadeiras? Você gostava de dizer que era minha mãezinha. Fazia-me deitar no seu colo.

A jovem recostou na parede, fechou os olhos e começou a rezar:

– Paizinho, como seria o céu? Uma casa cheia de flores com pássaros por todos os lados? Crianças felizes e famílias unidas? Direitos e deveres bem executados? Será que não poderia existir um conhecimento maior desse paraíso? Gostaria de conhecer o caminho para chegar ao seu amor. Tenho pensado muito e fiz uma escolha. Vou me transformar em esposa do Cristo. Confessei a padre Alfredo a minha decisão e ele me pediu orar por dias e dias para não fazer a opção por fuga. Ele sabe de minha relação difícil com mamãe. Contei-lhe que essa idéia é antiga. Logo depois de sua partida, quando chorava muito a sua falta, eu sonhava com uma freira a me dar afeto e bons conselhos. Comecei a sentir vontade de seguir a vida religiosa. A cada ano, a idéia ficou mais forte, mas não consegui contar à mamãe o que decidi. Paizinho, se a minha oração chegar no céu, ajude-me. Faça com que mamãe não me atrapalhe!

Romão estava surpreso. Acariciava os cabelos claros da filha, afagava-lhe o coração e intentava forças para lhe ser útil.

Rosália, do outro lado da mesa, conservava-se em prece, olhos cerrados.

A jovem respirou fundo, procurou beber um pouco de água e telefonou para Lúcia.

– O que faço, amiga Rosália? Minha filha pensa em se isolar num convento fugindo do mundo, afastando-se dos problemas familiares, mutilando-se.

– Vamos sentar um pouco no jardim, Romão?

– Claro. Claro.

Aquietaram-se à sombra amena dos ipês.

– Meu amigo, acredita em vocação? Ao iniciar e prosseguir os seus estudos na área do Direito, moveu-se apenas por interesses ou atendeu a uma escolha?

– Escolhi Direito por absoluta vocação. A ganância veio depois.

– E por que julgar severamente a própria filha?

– Não é julgamento, mas cuidados, proteção. Observou? Ela me busca e pede auxílio.

– Julga-a severamente.

– Você acha?

– Há dez anos não a vê. Deixou-a com menos de oito anos, como poderia afirmar que não é vocação? Por que julgá-la com tão grande severidade?

– Dona Rosália, por favor, procure me compreender.

Rosália encarou-o com firme sinceridade.

– Ouça e entenda você! – O tom indicava-lhe prudência. Corporalmente, ele se retraiu. Os ombros perderam a altivez. – Isolamento, fuga, perdas... Estariam os homens que decidiram pela vida monástica sob o açoite da insatisfação? O Clero seria composto por sentimentos medrosos, que preferiram se isolar da sociedade a lutar nas frentes de progresso que caracterizam épocas? Existem fugas e realizações de paz. Há preferências pelo burburinho das metrópoles e caminhadas para o bucolismo do campo. Homens que erguem altares e outros que velejam no mar são filhos de Deus. Por muitos séculos, os mosteiros e conventos contribuíram para a organização do pensamento religioso da humanidade. Aprenda a falar com proveito. Sua filha precisa de apoio para intuir o que lhe foi programado. Acreditaria que a dedicação a Deus, através de alguns anos na vida religiosa, não faça parte dos planejamentos reencarnatórios? Aplique-se mais aos seus estudos, Romão!

– Os nossos instrutores sabem que uma das grandes necessidades que tenho é a de ouvir a verdade. A verdade, através de seus lábios, é afeto n'alma, direção segura, proteção e encaminhamento. Releve a minha ignorância. Antes de falar como falo, sem o menor discernimento, estou precisando de muito estudo, silêncio e trabalho. Quem sabe, entre os muros altos de um mosteiro!

– Esta idéia domina boa parte dos que ajuízam a respeito da vida conventual. O homem, em sua marcha multimilenar, estagia em oportunidades as mais diferentes. Faz enorme bem, a muitos de nós, essa vivência. Torna-se, muitas vezes, inesquecível.

Romão percebeu uma emotividade diferente transparecendo nas faces meigas da amiga.

– Estarei mais uma vez enganado ou essa experiência lhe foi próxima?

Por entre um olhar saudoso e um sorriso claro...

– Vivi sob a ordem das Clarissas.

– Clarissas? Nada sei sobre elas.

– Clara de Assis, a suave companheira do bem, ao se dedicar ao próximo na compreensão da Lei de Deus, arrebanhou, na seqüência dos séculos, vários corações. Fui, por bondade, encaminhada às lutas abençoadas que a reencarnação promove e tornei-me clarissa.

– Consegue se lembrar de todas as suas existências passadas?

– Não, apenas umas sete ou oito. Uma lembrança que vai emergindo proporcional ao crescimento interior, à utilidade perante as dinâmicas de ação que nos são propostas. Posso lhe afirmar que essa experiência me enriqueceu o sentimento. Um exercício de desapego, em que "meu" e "minha" ficam distantes... O Cristo como Senhor a quem devemos amar em nome do bem... O reconhecimento do próximo, ao próximo toda a dedicação possível... Sentimento de abnegação perante a dor e as incompreensões do mundo... Aceitação da velhice como uma experiência que liberta a alma, que arrefece excessos e que aproxima de outras dimensões além das buscas, tantas vezes, mesquinhas da humanidade. Os laços consangüíneos ficam distantes, nos longos espaços de um convento, permitindo uma aproximação mais natural com o outro.

– Dona Rosália, imagino que não seja fácil essa experiência. Pessoas vindas de partes diferentes, costumes, manias, imposições...

– Na etapa evolutiva em que estamos, estados de descrença, perseguição e insatisfação são reais. Fixar-se neles não é aconselhável. Busquei ser sincera no convívio com as companheiras de noviciado. Esforcei-me para interiorizar o sentimento de amor da Mãe de Jesus. Seguir o Mestre Amado é esforço contínuo para apreender-lhe toda a dimensão na Terra. Apoiei-me na doce Mãe Maria e posso lhe afirmar que as rudezas de alguns momentos tornaram-se suaves com a bênção que vertia dela. Clara de Assis foi estímulo a conduzir-me a estados interiores dignificantes. Estudei, meticulosamente, a vida dessas mulheres notáveis.

– Quantos anos durou essa luta?

– Essas bênçãos duraram mais de cinqüenta anos. Aceitaria retomar essas experiências com muito gosto.

Um leve movimento no jardim atraiu a atenção de nosso amigo. Sob branda claridade, irmã Clarita se unia a eles.

– É Clarita, Romão. Irmã clarissa, instrutora espiritual de sua filha.

Uma emoção profunda invadiu-lhe o ser.

– Quantas bênçãos, meu Deus! Obrigado, meu Deus!

– Clarita realizará um encontro importante esta noite e convidou-nos a participar.

Romão olhava-a atentamente. Parecia filha das nuvens ou das neves. Pele que se assemelhava às pétalas mais raras, lábios vivos, olhos escuros num contraste extraordinário. Tudo se compunha lindamente sob uma simpatia indizível.

– Agradeço-lhes o carinho para com Susana.

Romão ficou intrigado, mas preferiu silenciar.

– Irmã Clarita, faremos quanto nos for possível para que tudo se encaminhe da melhor forma.

– Rosália, venho envolvendo Nanci nos eflúvios do amor e confio. Acima de nossos recursos simples, a proteção celeste fortalece e orienta à renovação. Susana deverá ingressar em nossa ordem no próximo ano. Tudo vem se desenvolvendo muito bem. Ela fez por merecer essa oportunidade. Trabalhará, em nome do Cristo, com crianças excepcionais.

O coração do pai parecia querer saltar do peito. Concebera dois filhos e se vira, irremediavelmente, afastado. Agora, na alegria do reencontro, constatava que nada lhe cabia. Era um espectador face à família que tanto amava.

Clarita colheu-lhe a decepção e o vazio que emergiam tristonhos.

– Quem lhe disse que dispensaremos o seu apoio, Romão? Chamá-lo a este encontro é lhe dar testemunho de nosso respeito perante a sua paternidade. É confiar nos recursos que nos possa oferecer.

Ele estava lívido. A meiguice de Clarita desarticulava-lhe os ressentimentos e desconfianças.

– Perdão, não sou dos melhores ajudantes que poderiam encontrar. Preciso de um longo tempo para me educar.

– Sua sinceridade o conduzirá ao equilíbrio que almeja. Tranqüilize-se para trabalhar cada vez mais.

– Fiquei chocado, a princípio, com a possibilidade de Susana ir para o convento. Dona Rosália me passou um vasto esclarecimento. Desfiz idéias negativas que tinha a esse respeito. Embora não lhe tivesse confessado todos os meus enganos, a verdade é sempre forte e iluminou o meu coração.

– Você julgava que homens covardes se escondiam nos mosteiros. Oportunistas que não tinham coragem para uma participação ativa nas lutas diárias. Portadores de desequilíbrios sexuais, fracassados...

A compreensão com que falava infundia-lhe enorme confiança.

– Irmã Clarita, nunca pensei que, em tão pouco tempo, o meu sentimento se refizesse. Sinto-me atingido em relação aos meus preconceitos, mas enormemente aliviado. Deus lhes pague a docilidade!

– A boa semente germina com naturalidade em corações sinceros. Confie! Rosália, aguardo-os por volta das duas horas da manhã. Aproveite o tempo como lhe parece melhor.

– Obrigada, Clarita. Irei à casa de minha neta. Temos providências urgentes com os familiares.

CAPÍTULO 9

Rebeldia

Natalino aguardava por Carmem recostado no pequeno gradil do jardim. A chegada de Rosá-lia causou-lhe profunda consternação. Detestava altercar com ela e, ao mesmo tempo, tinha vontade de exterminá-la.

– Gostaria de entrar, Natalino?

Desconfiança transpareceu-lhe do olhar.

– Entrar!? Este convite deve ser uma cilada.

– Pode ser vontade de uma conversa sincera.

– Repetições? Já nos falamos o suficiente e não chegamos a bons termos. Nada melhor do que distância entre nós dois!

– Amamos, Natalino, e precisamos conversar sobre a pessoa amada.

– Deixe Carmem fora de seus negócios! Salve sua bisneta das maluquices que lhe são peculiares! Carmem deixará esta casa. Augusto não a merece.

– Merecimento... Que idéia tem a esse respeito?

– Minhas idéias não lhe devem interessar. Pensamos completamente diferente.

– Por que estaríamos tão ligados a Carmem?

Ele denotou suspeitas no semblante.

– O melhor é não vasculhar essas razões.

– Desconfia que não sejam boas, Natalino?

– Prefiro não pensar no que se foi. Estamos fortalecendo nossos planos para o futuro.

Rosália olhou-o cheia de compaixão. Futuro... Natalino, a cada momento, se mostrava mais distante da docilidade que conduz à compreensão da Lei. Subtraía-se a quaisquer roteiros de estudo e trabalho, insistia por viver a seu bel-prazer. Tão-só as suas vontades imperavam, considerava desnecessário o conhecimento da vontade sábia de Deus. Julgava-O um mandatário egoísta, arbitrário, a se esconder nas blandícias do céu, condenando o homem às lutas da Terra.

– Futuro é a nossa ação no agora, Natalino.

– Não me aborreça! Suas implicâncias transbordam direitos que me cabem. Entre e pare de me molestar!

Carmem Santoro estava em seus aposentos. Letícia lhe pedira uma conversa e acertaram que falariam após o lanche da tarde. De alguma maneira, constrangia-se-lhe a vontade. Gostaria de fugir daquele colóquio e nem sabia por que aceitara o pedido da filha.

Rosália penetrou nos aposentos pedindo a Romão aguardá-la na sala de visita.

Carmem deu alguns passos nervosos, abafados pelos tapetes bem escolhidos. Remexeu papéis e olhou para a estante. Um livro atraiu-lhe a atenção. Encadernação antiga num vermelho escuro, respingos de dourado velho. Recolheu-o e deu um longo suspiro. Fora presente de sua avó quando fizera dezoito anos. Uma vontade incontrolável de explodir sua dor levou-a às lágrimas. Quase imperceptível era a sua voz.

– Vovó, que saudade... Por que existiria o fim para as nossas relações com os amados? Você nunca poderia ter partido! Fez-nos muita falta! Ninguém conseguirá substituí-la em meu coração! Nunca mais fui a mesma... Lamentei o seu fim e o não aproveitamento de sua presença quando entre nós. Eu me consumia nas distrações e não lhe dava a atenção que precisava. Soube me entender tão bem... Perdoe as minhas rudezas, perdão!

Natalino, percebendo que a amada não estava bem, entrou abruptamente no quarto. Carmem, em lágrimas, curvada sobre o livro; Rosália, tranqüila, à pequena distância.

– Eu sabia que a sua chegada iria provocar desgostos! Sente prazer em nos ver mal! Não lhe pedimos sugestões, deixe-nos livres de sua desagradável presença!

– Pergunte-lhe por que chora. Tente perceber do que tem saudade.

Natalino envolveu Carmem num longo abraço e sussurou-lhe:

– Sabe que pode se socorrer do meu amor! Não fique triste pelos impedimentos que temos vivido! Eu não a deixarei por nada desse mundo!

Carmem percebia-lhe a proximidade. Vacilou por minutos e se ergueu, saindo daquele abraço. Natalino cambaleou em meio ao inusitado daquela reação. Imensa fúria corroeu-lhe as entranhas. Teve vontade de expulsar Rosália a pontapés. Carmem, mesmo não identificando claramente o que acontecia, reagiu energicamente. Os sussurros de antes transformaram-se em expressões fortes.

– Vovó, quem sabe você não nos esqueceu? Camuca é inconseqüente, fanática, mas pressentiu a sua presença. Letícia lembrou-se de você.

Natalino ficou enfurecido, ameaçava perder o controle quando dinâmica vibração se fez sentir entre eles. Sérgio Augusto, protetor de nossa amiga, vinha-lhe ao encontro. Natalino titubeou.

– Amigos, que a paz de Jesus pacifique os nossos corações! Corações pacificados são também operosos.

Natalino sentiu-se um tanto preso nas emanações determinadas do visitante. Vivia a sensação de estar se esvaziando de sua capacidade agressora. Um estranho medo ameaçou sucumbi-lo.

– Obrigada, querido instrutor. Julguei necessária a sua companhia e roguei a Jesus conceder-nos sua proteção.

– Sua solicitação foi justa. Natalino está acumpliciado com mentes inferiores, é necessário prudência. A covardia é uma espécie de cegueira. Leva, os que por esse sentimento estão dominados, a grandes delitos. Carmem, mais receptiva à sua presença, deverá, em breves meses, aceitar o apoio de nosso Gustavo Lumer e Vaz Serra.

A indignação fez soltar a voz de Natalino, que engasgara com a chegada de Sérgio Augusto.

– Isso não! Eu a levarei à morte se insistirem em nos separar!

– Alguém pensou em separação, Natalino? Estamos falando de paz, renovação, saúde, união, liberdade. E tudo em nome de Deus.

– Não me dobrarei aos seus argumentos! Sei o que quero! Conheço muito bem a subjugação de suas vidas! Eu e Carmem nos amamos! Há um pacto entre nós!

– Carmem e Rosália se amam.

Num ímpeto de defesa, Natalino abraçou-se a Carmem, que se retraiu duramente.

Sua mente estava fixa na avó. Rosália uniu-se a ela pelas vibrações do amor.

– Venha, minha filha. Estou aqui. Para você, para o seu coração e a nossa eterna alegria.

Ela registrava vagamente a mensagem. Era como se imaginasse e não pudesse alcançá-la.

Letícia entrou no quarto.

– Mamãe, você está sentindo alguma coisa? Está pálida. Chorou? Venha, eu a ajudo. Sente-se, por favor. Que livro é esse? Posso ver?

Carmem Santoro estava um tanto ausente, mas se esforçou para impressionar bem a filha.

– Não é nada. Estou preocupada. A casa de vovó está quase pronta e irei embora, pare de fazer perguntas. Eu me recuso a continuar ao lado de seu pai. Chega de fingimentos! Eu não amo Augusto, há muito nos distanciamos. Nunca lhes falamos, mas nosso casamento terminou há muitos anos. Dei liberdade a seu pai para que fizesse o que fosse melhor para ele, mas foi em vão. Teria todo o direito de procurar mulher onde quisesse, desde que não nos faltasse nada.

Letícia invadiu-se por funda compaixão. Tanto um quanto o outro mereciam o seu carinho e respeito. Por certo, estavam reunidos sob provas que precisavam vencer.

– Iremos respeitá-la. Papai lhe dará todo o apoio. Fique tranqüila.

A jovem surpreendeu-se com o silêncio que lhe era oferecido. Nenhuma reação imediata, agressiva, como era de costume.

– Está decidido, Letícia. Não ficarei mais nesta casa. Conversei com os seus irmãos e, para eles, o que eu decidir está bem. Concordaram até em ficar um pouco comigo. Aliás, talvez fiquem mais tempo ao meu lado.

– E esse livro?

Carmem tentou disfarçar.

– Nada importante.

– Parece antigo.

– Ganhei-o quando fiz dezoito anos.

– E de quem foi esse bom gosto? Livro é um grande presente.

– Vovó Rosália.

– A bisa!? Ela era pura inspiração de amor, mamãe.

– Você conviveu pouco com vovó Rosália.

– Com a bisa, o pouco se transforma em real e eterno.

– Gosta dela tanto assim? Que pena que se foi!

– Mamãe, não quero magoá-la com as minhas realizações de hoje, mas acredito na imortalidade e na reencarnação. Venho aprendendo que somos individualidade. Não nos integramos e desaparecemos no Todo que é o Criador. A bisa está mais lúcida do que nunca e próxima também.

Sérgio Augusto transmitia força energética a Carmem, desfazendo campos negativos que a circundavam. Natalino fora colocado fora de condições para perturbar aquele encontro. Desejavam a sua presença, ser-lhes-ia útil que ele participasse, mas sem interferências negativas. Na impossibilidade de agir gentilmente pela própria vontade, estava sob controle vibratório.

Carmem estava um tanto inquieta com as palavras da filha.

– Letícia, não abraçarei essas idéias. Parecem-me exageradas.

– Mamãe, acredita realmente na morte?

– Não, Letícia. Penso que existe alguma forma de vida. Talvez um jeito diferente de se viver, não sei explicar.

– Nunca sentiu vontade de aprender corretamente?

– E quem lhe garante que é corretamente? O que credenciaria esses homens para fazerem afirmações estranhas como essas?

– Mamãe, o que a leva a respeitar uma pessoa?

– Nem sei ao certo, minha filha.

– Seria o amor ao trabalho, o cuidado com a família e o respeito à sociedade?

– Talvez, Letícia. Não sei definir.

– Talvez, não senhora. O que restaria fora dessas realizações? Trabalhar contribuindo para o progresso, sustentando a dignidade, expandindo forças; constituir família na expressão do amor, na busca de troca e crescimento; aceitar-se como cidadão do mundo e abrir-se para um viver social é enobrecedor.

Rosália ajudava a bisneta na seqüência das ponderações. Sérgio Augusto prosseguia nos seus afazeres energéticos. Natalino começava a sentir sono.

– Letícia, você me surpreende. Está exagerando um pouco nas suas palavras, mas melhorou bastante a sua linguagem.

– Fruto de esforço, mamãe, mas, acima de tudo, proteção superior.

– Seja lá o que for, falou além do que posso entender.

– Não, não! A senhora é inteligente. Penso que poderia voltar a estudar.

– Esquece que já fiz quarenta anos...

– E pensa que na Universidade só existem jovens?

– Não teria coragem para essas buscas. Teria dificuldades.

– Tudo depende de vontade. Mas voltemos à nossa ponderação a respeito de credibilidade. Mamãe, um homem que se respeite nos aspectos de que lhe falei merece consideração. Observe que esses homens transpõem as suas responsabilidades com leveza e utilizam-se do tempo com maestria.

– Como assim, Letícia?

– Determinam dia e hora para um aprimoramento espiritual. Substituem horas de descanso e lazer por afazeres instrutivos e fraternos. Úteis a eles e ao próximo. Merecem mais do que respeito à distância, são dignos de nossa cooperação.

Carmem tentou se erguer, mas se sentiu tonta. Letícia a amparou.

– Preciso deitar um pouco. Penso que comi demais.

Letícia deu leve sorriso. Ela sabia que não era excesso de comida, mas silenciou. Após acomodar Carmem Santoro, foi ao encontro de seu pai.

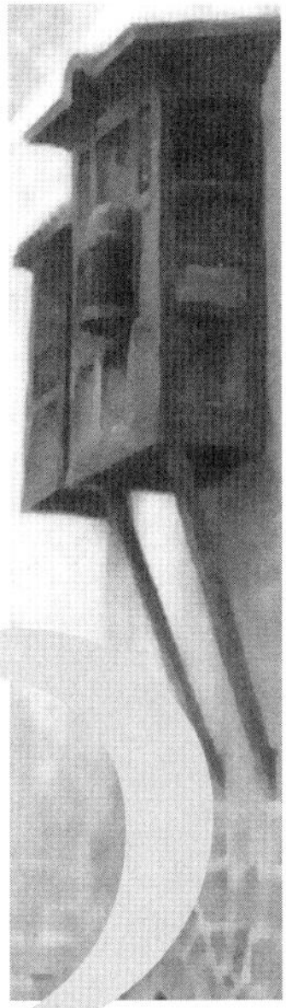

3ª Parte

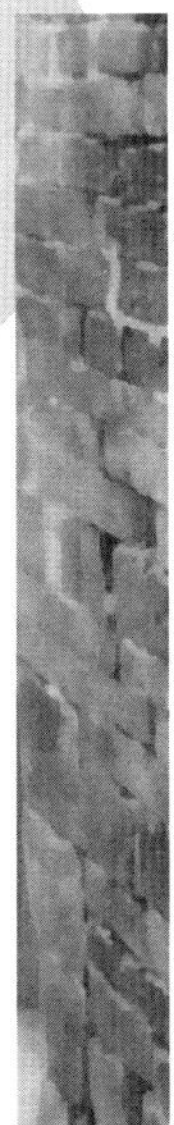

1

CAPÍTULO

Renovação

Letícia abraçou-se a Augusto no impacto que as trocas com sua mãe lhe provocaram.

– O que foi, minha filha? Que emoção é esta?

– O senhor não vai acreditar!

– Mas, o que aconteceu? Fale, fale, por favor!

– Mamãe conversou comigo. Conversou, papai!

– Sem gritos e rebeldia?

– Exatamente, papai.

– Os céus, Letícia, só os céus conseguem bênçãos assim.

– Concordo plenamente, mais do que nunca estou aprendendo a identificar os sinais de Deus. Eu poderia lhe garantir que a bisa nos protegia. Cheguei a pensar que poderia estar sob a influência dela e de alguém mais.

– Conte, filha, quero detalhes, o estado de Carmem me traz alguma preocupação.

Num clima de euforia, nossa jovem detalhou ao pai o encontro.

– Um livro encadernado. Capa vermelho-escura, respingos em tons de ouro velho.

– Conhece-o, papai?

– Presente de dona Rosália no aniversário de Carmem.

– Ela se abraçava ao livro, segurava-o ao peito. Papai, seria tudo isso fruto de nossos esforços também?

– Por que duvidar? São muito simples esses nossos primeiros passos, contudo, são verdadeiros. A força do bem é indescritível. Não podemos permitir descuido. Nossa aplicação aos estudos e trabalhos fraternos é importante. Seria indigno pedir e esperar sem participação. Ainda que mínimas parcelas, iremos oferecer.

– Como, então, o livro foi presente da bisa? Papai, ela não vai resistir por muito tempo aos chamados de Deus.

– Farei tudo para ajudá-la. Carmem merece o meu carinho.

Letícia olhou-o pensativa. Augusto sustentou-lhe o olhar, percebendo que entre eles iria se desenrolar um diálogo sério.

– Papai, o senhor ainda a ama?

Ares de nostalgia tocaram-lhe o íntimo. Os anseios de desabafo eram enormes, mas vacilou. Letícia não lhe parecia a pessoa ideal para essas confidências. Gostaria de poupá-la. Suspirou lentamente e foi leal:

– Para que sobrecarregá-la, minha filha?

Havia tristeza na sua voz.

– Não sou mais criança e, de algum modo, presenciei momentos difíceis entre vocês. Considero-o paciente.

– Não, Letícia. Muitas vezes, o silêncio foi cheio de dores, questionamentos e tristezas. Na calma, há compreensão e apoio sem reclamações. Pelos meus filhos, suportei horas difíceis.

– E não considera esse esforço como capacidade para suportar o descaso de mamãe? É uma forma de paciência, papai.

– Não me resguardo tranqüilo. Se tivesse atendido aos convites de doutor Amélio, teria conquistado melhores condições para realmente ajudar Carmem. Suportei, minha filha. Mas o indispensável era me encaminhar, com ela e vocês, a algo mais consistente. Sei que fui indolente. Muitas vezes, permiti descanso quando deveria desenvolver lutas.

– Eu o amo tanto... tanto...

Beijou-o, deitando a cabeça no seu ombro.

– Por esse amor, vale a vida. Obrigado, filha. É tão bom senti-la assim!

– Estou renascendo, papai.

– É visível a sua transformação. Sua mãe, no entanto, me traz cuidados.

– Papai, desabafe com o doutor Amélio. Não quero inibi-lo. Existem coisas que, talvez, só a ele o senhor possa falar.

– Penso que, na seqüência de nossos trabalhos, a alma vá sendo tratada.

– Eu sou prova inequívoca dessa verdade. Alegre-se, papai. Conseguiremos ajudar mamãe.

– Com as reações que nos ofereceu hoje, penso que novas possibilidades poderão surgir. Dona Rosália tem ascendência sobre a neta. Essa proximidade é abençoada.

– Amanhã, tentarei desenvolver um pouco mais a nossa conversa. Ficarei em prece para acessar os seus sentimentos.

Rosália atendia as orientações de Sérgio Augusto para agir corretamente com Natalino. A um canto dos aposentos, ele dormia. Carmem Santoro, fora do corpo, repousava no colo da avó. Sérgio Augusto constituíra barreiras de proteção energética preservando-lhe o descanso.

Natalino, adormecido, prendia-se ainda ao corpo energético. Um sono intranqüilo, sombreado por comparsas irredutíveis, configurava-se como conseqüência dos desmandos vividos.

– Agradeço-lhe, amigo. Minha neta ressurgirá dessa indiferença. Preparo-me face às dores que se aproximam.

– Sob as dores que se anunciam, emergirá o amor, Rosália.

– Não tenho receios, obrigada.

– Transportarei Natalino e Lélio para um de nossos postos, para que fique à vontade quanto a participar das elaborações de Clarita.

– Nosso encontro está marcado para às duas horas da manhã. Tenho tempo, fique tranqüilo.

Rosália acariciava a neta querida com extremo carinho e agasalhava Natalino nas suas vibrações mais profundas. Começou a relembrar as histórias que havia acessado a respeito de sua neta e ele.

O planejamento reencarnatório, mediante amorosidade e bom-senso incomuns, concedera-lhes proximidade sob diferentes situações. Irmãos, pai e filha, mãe e filho no ideal de estabilidade emocional. Por muito se esforçassem os amigos, eles retornavam à paixão desastrosa que os dominava. Rosália reconhecia a urgência e a bênção daquela iniciativa. Sérgio Augusto conduzira Natalino e Lélio e ela sabia que, por um bom tempo, eles não retornariam. Lélio era filho apegado, dependente e covarde dos dois. A ausência causaria um abalo em Carmem, mas era inadiável esse socorro. Agradeceu a Deus a bênção daquela oportunidade. Sabia que a neta se afastaria de Augusto, fugiria, mais uma vez, de sua presença. Não lhe dedicava amor e estava no limite pelas opções novas que ele abraçara. Augusto, por mais de uma vez, fora seu pai. Tentara auxílio perante a devassidão daquele sentimento, mas não lograra êxito. Relembrou Camuca, o anjo bom de suas vidas. Camuca, em breve, voltaria. Ela era o amor suave de Augusto. Um amor que eles só iriam identificar mais tarde. Rosália enxugou algumas lágrimas e recostou a cabeça na guarda da cama, aconchegada a Deus.

..*

Clarita transmitia energia sobre os chacras de Nanci no esforço de reequilibrá-la. Sob o sono, fora do corpo físico, é comum a expansão de estados que a alma reflete. O corpo energético é plástico e revela, sem véus, as características principais dos sentimentos do homem. Susana, tranqüila, conservava-se em prece.

Romão sentia-se mais confiante. Começava a perceber que não existem razões para o homem descrer da amorosidade superior.

Ao chegar à sua antiga casa, não tivera tempo para abraçar a filha querida. Irmã Clarita já iniciara a aplicação fluidoterápica em Nanci. Aos seus olhos, campos energéticos se desdobravam claros ou escuros. Voltavam-lhe as palavras ouvidas em um dos esparsos sermões a que assistira com a família: "A cada um segundo as próprias obras".

Nanci, após um tempo significativo, olhou para os que ali estavam, assustando-se com Romão.

– Será que estou no céu ou no inferno? Romão! Julguei-o morto!

Recuou alguns passos. Clarita infundia-lhe respeito.

– Nanci, estamos na sua casa. Nem céu ou inferno, na Terra.

Ela tocou em algumas de suas raridades preferidas. Aproximou-se de Susana.

– Como poderia me explicar essas visões, minha filha? Suas visitas a padre Alfredo devem estar provocando essa conturbação em nossa casa! O seu pai morreu!

– Nanci, – ele estava emocionado, mas bem mais seguro. – Nanci, sou eu. Não existe morte no descesso do corpo e, sim, um estado possível de consciência liberta. Nunca poderíamos desprezar as oportunidades que a reencarnação nos concede, mas, de igual modo, desencarnar é seqüência de convites ao bem.

– Confuso, muito confuso! Estou casada, Romão! Nada lhe devo, você não lutou como devia e precipitou sua morte! Revoltei-me com a sua covardia, sua luta deveria ter sido maior! Perdeu-se no desespero e afastou-se de nós, não me peça nada!

Rosália colocou-se, mentalmente, unida a ele para que o amigo fosse claro e preciso.

– Veja-me como amigo, tão-só amigo. Confesso a minha fragilidade. Eu não ficaria muito mais. Os instrutores me explicaram que esse resgate seria inevitável. Minha revolta e inconformação desencadearam condições para que o carcinoma mais rápido consumisse minhas forças, mas era inevitável.

– Fosse o tempo que fosse, teria sido bom ficar! O meu desespero foi doloroso. Os filhos por criar e a inexperiência com a vida e os negócios... Encontrei, na companhia de Maércio, soluções imediatas, bem melhores do que eu poderia alcançar. Maduro, inteligente, rico e disposto a assumir duas crianças. Não tive a menor dúvida, menos de um ano depois, nós nos casamos. Não posso assegurar-lhe que sou feliz, mas estou protegida.

– A proteção que o matrimônio confere lhe seria útil mesmo. Não tenho dúvidas a esse respeito e gostaria de agradecer ao homem que educou os nossos filhos.

– Se nada vem exigir, por que voltou?

– Amigos, Nanci. Nada impediria nossa proximidade. Gostaria muito de conviver com Susana e Júnior.

– Faça como quiser. Eles devem decidir. De minha parte, prefiro distância entre nós.

A crueza de Nanci dilacerava-lhe o coração.

– Não se inquiete. Saberei respeitá-la.

– Susana, e quem são essas senhoras?

– Amigas, mamãe. Clarita é o anjo bom a quem o planejamento me confiou espiritualmente. Lembra-se de que lhe pedi um tempo para conversar? Fiz minha opção com naturalidade, mamãe. Vou para o convento, quero me dedicar à vida religiosa.

Nanci, mesmo sob a influência benévola de Clarita, reagiu sob forte carga negativa.

– Você está louca! Padre Alfredo vai me pagar, ele deve estar influenciando a sua cabeça! Já acabou o tempo em que as donzelas fugiam do mundo. Por que se esconder? Não parou para pensar ou jamais faria isso! Temos riquezas, Susana, riquezas que podem levá-la a qualquer parte do mundo. Riquezas que lhe darão quaisquer prazeres que desejar.

– Mamãe, – o seu tom de voz era respeitoso e firme. – não anseio conhecer as belezas da Terra. Prazeres do mundo não me fazem falta. Seguirei em busca dos bens que o amor divino nos dá. Nada conseguirá impedir a minha escolha.

– Não lhe darei apoio! Deserdarei você!

Susana surpreendia-a pela segurança nas ponderações.

– Não me deserdará, a senhora tem medo. Com a parte que me cabe na herança de papai, construirei uma creche. Alívio e proteção a mães carentes que lutam para sustentar a família. Se me negar, a Deus estará negando. Cuidado, mamãe!

Nanci vacilou. O olhar da filha parecia transpassar-lhe a alma no impacto que a verdade expressa.

Clarita envolveu Nanci como a uma filha. Por mais que se rebelasse, a proximidade acordava-lhe sentimentos bons.

Rosália iniciou um agradecimento ao Criador. Pediu-lhe proteção à seqüência que lhes estava destinada e fez-lhe uma reverência pelas bênçãos que viviam.

Nanci voltou ao corpo um tanto perturbada e acordou Maércio para lhe contar o que julgara ser um pesadelo.

– Romão? Nanci, o seu marido está morto, esqueceu? Freira? Você, sonhando com uma freira? Quem sabe está precisando se confessar? Sei lá, procure um padre! Agora, durma, sonhe com a festa de Susana e toda a pompa que vai lhe conferir. Estou cansado, muito cansado.

CAPÍTULO 2

Amor

Sob tons que lhe realçavam a delicada beleza, Letícia acionava a campainha da casa de seu eleito.

Sua respiração estava qual brisa suave, nenhuma ansiedade dominava o seu coração. Buscava entendimento com o homem que lhe tocava os sentimentos como ninguém mais. Nos meses que se seguiram ao desentendimento entre eles, ela se esforçara, sinceramente, por aquisições morais que a capacitassem à harmonia interior. Cuidava-se com esmero no conhecimento de que não existe milagre. A ela, cabia o esforço pelas coisas boas que desejava.

O jovem, como a intuir que alguém o procurava, atendeu a porta.

Os tons rosados do "voil" fino, que lhe compunha as vestes, harmonizava-se com o arranjo a sustentar os cabelos fartos.

Eduardo olhava-a qual se estivesse diante de um anjo recém-saído do céu. Um anjo que se encontrasse impregnado da beleza das estrelas.

O perfume causou-lhe um tremor n'alma. Gostava de acariciar-lhe os cabelos, cheirando-os para saborear o aroma bem escolhido.

Na mão delicada, que segurava a pequena bolsa, o anel que lhe dera por ocasião do Natal.

Olharam-se e ficaram mudos.

Eduardo vestia-se qual se fosse dono dos mares. Despojadas as roupas sobre o corpo atlético. Tons que se misturavam ao azul do céu.

Letícia não saberia definir o que lhe era preferência naquele rosto lindo. As mechas do cabelo farto causavam inveja à maior parte. A pele, com uma porosidade macia. Os dentes, quase pareciam tecidos pelas mãos da beleza; os olhos, brilhantes e profundos.

Por entre o fascínio e a mudez, uma lágrima encantadora, mas travessa, alardeou a inesgotável emoção que o dominava.

Suavemente, qual o rolar de uma pétala, a mão de Letícia acolheu-a, beijando-a desfeita ao seu contato. E, como num sonho, ela o acariciou, abraçando-se a ele.

– Eu não a mereço, meu amor.

– Pois fique comigo mesmo assim.

Abraçaram-se com leveza, doce suavidade.

– Procurei poupá-la de minha presença. Você está mais linda do que nunca! Amo-a, amo-a, amo-a!

– Não me convida a entrar?

– Claro, fiquei estonteado com a inesperada visita.

– Visita?

– Nunca, nunca visita e, sim, presença eterna em meu coração! Eu a amo!

– Precisamos conversar. Em poucos meses, passamos, felizmente, por transformações.

– Maurício me falou algumas coisas. Sei um pouco de suas decisões.

– Sábias, meu amor. Somos criaturas insensíveis e nem sempre atendemos aos convites que nos fazem o respeito, a alegria, a boa vontade... Quando a dor nos alcança, e parece-nos impossível suportá-la, gritamos e aceitamos o socorro que alguém possa nos oferecer.

Calmamente, contou-lhe os mínimos detalhes daquele tempo em que estavam separados.

– Parece estou diante de outra jovem. Você mudou, Letícia!

– Cuidado, não vá se perder de sua Letícia, da primeira que amou.

Abraçou-a com reservas. Não estava plenamente seguro quanto ao contato físico que a traumatizava.

– Reencontro-a muito mais forte.

– Mamãe ainda nos preocupa. Mudou-se. Renata e Otávio ficam grande parte do tempo com ela. Papai, Camuca e eu nos esforçamos para seguir os roteiros que a Lei Divina orienta.

– Eu não sabia da separação dos seus pais. Lamento muito.

– Não fique constrangido. Não é o que gostaríamos, mas procuramos entendê-la nas suas angústias e carências. Há alguns dias, Renata procurou-nos nervosa. Mamãe sentira tonteiras. Esse mal-estar vem se repetindo, mas conseguiremos vencer-lhe a resistência marcando-lhe alguns exames indispensáveis.

Eduardo mal a reconhecia. Em nenhum momento, demonstrava qualquer desequilíbrio.

– Pensei em procurar o professor Gustavo, mas recuei várias vezes. Sonhei com você em diferentes noites, acordava firmemente decidido a procurá-la e desistia.

Por entre risos, ela declarou:

– Vocês, homens, são todos iguais. As mulheres devem procurar, precisam se submeter, aos homens oferecer obediência.

Ele a interrompeu com um beijo leve e ficou um tanto tenso. Letícia não se molestou.

– Sou seu escravo. Pode ordenar e cumprirei o que me pedir.

Ela pensou alguns instantes.

– Ordeno-lhe amor por toda a eternidade. Amor, só amor que me oferecerá sem limites.

Eduardo fechou os olhos, estremeceu e deu um salto, fazendo-a rir.

– O seu feitiço se cumpriu, minha rainha! Premia-me com a sua escolha, tornar-me-ei o seu eleito. Subirei aos céus, navegarei mares, conhecerei horizontes, demandarei o infinito e colherei todo o amor que será só seu.

A jovem acariciou-lhe os lábios num desejo que a surpreendia. A pele morna infundia-lhe vontades desconhecidas. Por minutos, perdeu-se nos olhos do eleito.

Eduardo preferia se conservar prudente. Letícia recobrou fôlego e se afastou. Ela não se reconhecia forte o suficiente para uma entrega mais profunda.

– Vim lhe pedir voltar à minha casa. Eu o expulsei sob grande dor, perdoe-me concedendo-me essa oportunidade.

– Nós nos amamos e não estamos magoados um com o outro. Voltarei hoje mesmo, se me permitir.

– Hoje!?

– E não?

– Temos reunião com professor Gustavo.

– E amanhã? Poderei amanhã.

– Lamento, Eduardo. Combinamos um encontro para definir as campanhas. Cada um de nós assumirá uma parte nessas tarefas.

– Aguardarei o seu tempo livre, não se preocupe.

Um desaponto dominou-a. Tentou não demonstrar qualquer desânimo.

– Eu o avisarei. Preciso ir, mamãe me espera.

Eduardo acariciou-lhe os cabelos, beijou-os enquanto Letícia ligava o carro.

Ficou à retaguarda olhando-a sumir na distância.

Letícia estava pensativa. Eduardo não demonstrara o menor interesse quanto aos estudos espíritas. Não lhe ocorrera que isso pudesse acontecer. Ser-lhe-ia penoso vê-lo afastado dessas buscas.

Mergulhada nessas expectativas, chegou à casa de sua mãe. Há poucos dias não se falavam, mas sofreu ao vê-la. Carmem Santoro dava sinais de abatimento. Emagrecera e entremostrava um desânimo que não lhe era comum.

– Mamãe, algo a preocupa?

– Nada que eu possa definir. Tenho sentido as mesmas tonteiras, algumas vezes preciso repousar, coisas assim.

– E os exames?

– Marcados para quinta-feira bem cedo.

– Irei com a senhora, fique tranqüila. Trouxe algumas frutas. Sei que Renata e Otávio não passam sem elas.

– Não precisava se preocupar.

Letícia percebeu a ausência do jeito arrogante e impositivo de ser. Ficou um bom tempo ao seu lado e retornou inquieta.

– Que demora, minha filha! Fiquei pensativo. Viu Eduardo, conversaram?

– Nosso encontro foi um verdadeiro encanto. Nós nos amamos, papai. Sei que, se me esforçar, conseguirei uma relação feliz ao lado do meu amor.

– Nunca duvidei desse amor, Letícia. Nasceram para uma união harmoniosa.

– Renascemos, não é, senhor Augusto?

– Tem razão, é reencontro programado por instrutores sensíveis.

– Não seria, aliás, não será feliz sem o trabalho fraterno, estudos e práticas espíritas. Eduardo se mostrou animado com as seqüências transformadoras que assumimos nos últimos meses, mas não o percebi com vontade de estar nesses encontros.

– Minha filha, não se precipite pensando se ele virá ou não. Trabalhemos. O Pai vela por todos nós.

– Papai, senti, claramente, em nosso encontro, que eu não renunciaria a essas buscas. Penso que Eduardo jamais tentaria impedir as minhas escolhas, mas se tentasse...

Ela parou como que a meditar no que ia falar.

– Mas se tentasse...

– Eu o preteriria, papai.

– Letícia, minha filha, tenha cuidado. Muitas vezes, precisamos caminhar mil passos para a conquista ideal. E se lhe fosse pedido ficar com Eduardo, por um tempo, a fim de cativá-lo a essas verdades?

– Eu sofreria muito, papai. Nunca me senti tão bem! Identifico-me profundamente com esses estudos. Tomara nunca me seja exigida essa renúncia.

– É apenas uma hipótese. Tranqüilize-se.

– Falemos de mamãe. Preocupei-me sobremaneira. Mamãe emagreceu e dá provas de um grande desânimo.

– Letícia, pedirei uma consulta espiritual para sua mãe. Confio que os amigos do Além poderão nos ajudar.

– Papai, esses amigos estão sempre tão próximos, nos abençoando, que me parece engraçada essa referência de "Além".

– Maneira de falar, força de expressão. Não seja implicante!

3

CAPÍTULO

Felicidade

Augusto e Letícia transportavam parte da campanha que haviam conseguido. Camuca os secundava feliz.

– Não pensei que fôssemos conseguir tanto, papai.

– A boa vontade desencadeia recursos, filha.

– Quantos se queixam da ganância e indiferença de muitos sem o menor empenho de busca!

– Sempre confiei nos pedidos que fiz, minha menina. Nunca fiquei sem resposta.

Augusto olhou-a afetuosamente. Camuca aquecia-lhe o coração. Simples e terna, nunca demonstrava cansaço ou desânimo. A existência lhe fora difícil. A orfandade na adolescência, trabalhos que a obrigavam a esforços constantes e a saúde que, por vários anos, exigira cuidados. Em sua casa, aceitara o mau humor de Carmem, suas implicâncias e proibições. Tinham a mesma idade, mas Carmem a tratava qual criança incapaz. Uma renúncia à própria vontade, dedicação sem par às crianças. Apesar dos enormes desafios, ela se conservava muito bem.

Mulher de porte pequeno. Dona de uma capacidade de transformação inigualável. Os filhos nunca resistiram às brincadeiras ou afabilidades de Camuca. Eles se rebelavam e brigavam com a mãe, nunca com ela. Mesmo sob as lutas que a justiça lhe indicara, ela nunca se esquecera dos que sofriam e suplicavam auxílio. Augusto sabia que ela saía mais cedo para apanhar as crianças na escola e aproveitava para visitas a creches, penitenciárias, asilos, orfanatos. Silenciosamente, ela encontrava tempo para esses encontros, pois afeto lhe sobrava do coração amigo. Augusto relembrava as vésperas do natal em que ela se ausentara dizendo necessitar de alguma coisa para a ceia. Ele fora ao seu encontro, querendo ajudá-la, e a vira entrar no orfanato com guloseimas para as crianças. Ao se sentir descoberta, pedira-lhe, sob suave pranto, nada revelar à sua mulher. Augusto admirou-a mais do que nunca. Nos anos posteriores, ele a ajudou para que pudessem alegrar mais crianças. Carmem nunca suspeitara da cumplicidade entre eles.

– Papai, papai, o que foi? Está abstraído. Alguma preocupação?

– Estou bem, minha filha. Lembranças, boas lembranças me ocorreram agora.

Camuca intuía sobre as recordações que o envolviam, mas permaneceu em silêncio.

Os amigos chegavam à casa espírita sob um sentimento de gratidão e reverência ao Pai Eterno.

Augusto entregava a campanha aos companheiros de ideal quando uma voz os afastou do que faziam.

– Querem ajuda? Essa campanha me parece muito proveitosa.

Eduardo esperava por eles. Letícia quase não acreditava no que via.

– Você!?

– Não acreditou que eu viesse, meu amor?

– Tive sérios temores. Por que não me falou?

– Desfazer a surpresa, para quê? Ou não gosta de surpresas?

– Como esta, pode me fazer várias, Eduardo!

– E então, Letícia, como vai?

– Doutor Amélio, estou sem ar com a presença de Eduardo entre nós.

– Nós o esperávamos. Nosso grupo tem-se enriquecido nos últimos meses.

– Obrigado, querido amigo. – Augusto se expressava muito feliz. – Faremos quanto nos for possível para que o enriquecimento não cesse jamais.

– E não cessará. Estamos cultivando uma nova postura diante de nós mesmos para bem entendermos o Pai Eterno. Nesse trabalho de aprimoramento, nos capacitamos a algo muito delicado, e não tão fácil, que é a relação com o próximo. A não ser entre aqueles que já cultivaram bons sentimentos entre si, e atingiram um certo grau de respeito e afeto, o conviver diário não é harmonioso quanto precisa ser. Nem sempre a sociedade cuida dessa realidade essencial. Geralmente, satisfaz-se com aparências, prioriza o superficial, contenta-se com o momento em detrimento do eterno. A relação, como um movimento de conquistas interiores, não é comum à maior parte. Cuidemos, com muito carinho, de nossa proximidade. Valorizemos a bênção do reencontro e chegaremos a muito mais. Nosso Mestre Jesus foi categórico: "um cego não pode guiar outro cego". Pretender milagres é desrespeitoso. Vamos agir com boa vontade.

Sob um clima de suave entendimento, eles se encaminharam aos estudos.

***

Clarita e Rosália acertavam os detalhes finais para que Susana conseguisse, sem maiores dificuldades, seguir para o convento.

– Mamãe, minha decisão é irrevogável. Meditei o tempo que me foi pedido pela senhora, cheguei a fazer os passeios que me sugeriu, fui à minha festa de dezoito anos, mas não tenho dúvidas, vou buscar o meu crescimento junto às irmãs clarissas.

Nanci estava apática. Esvaía-se qualquer vontade de ponderar com a filha. Sob os cuidados de Clarita, não tinha a menor vontade de esbravejar.

– Você e o Júnior nem parecem irmãos! Ele sabe viver, gozando as delícias da vida. Desisto, Susana! Sei que você vai se arrepender e, até lá, vou pensar se a perdoarei. Estou muito triste com você e fraca para lhe impor o que acho certo.

– Cuide-se, mamãe! Para que se desgastar inutilmente? Passarei pelos estudos e trabalhos do noviciado e, quando receber o véu que me consagrará esposa do Cristo, começarei a desenvolver os meus projetos em relação à creche. Papai vai ficar feliz.

Nanci sentiu um leve arrepio. O pesadelo lhe veio à cabeça.

– Há dias, tive um terrível pesadelo. Fiz um grande esforço e fui à igreja me confessar. Na verdade, tenho-me sentido um pouco melhor.

– A senhora tem estado mais calma. Talvez não estivesse percebendo a própria irritação. Embora não queira aceitar, sei que não foi apenas a sua confissão que a deixou assim.

Nanci ficou desconfiada.

– E o que existe que não sei?

– A proteção de amigos, mamãe.

– Amigos, tenho muitos.

– Não, mamãe. Não me refiro às saudações sociais cheias de interesses, tantas vezes. Falo de amizade.

– Você se julga muito poderosa, não é? Tem apenas dezoito anos e quer agir como se fosse muito mais velha!

– Mamãe, não é necessária uma grande sabedoria para sentirmos que somos seres eternos. E, como filhos de Deus, devemos cultivar todo entendimento e apoio entre nós.

– Susana, eu não vou conseguir conversar com você quando se tornar uma freira! Conselhos, ladainhas, sermões, lições de moral...

– Uma simples conversa, mamãe. Nenhuma vontade de impor qualquer coisa. Mas, com o nosso conhecimento ou não, a verdade é que os filhos de Deus cultivam, entre si, apoio e continuam uma relação após o que a senhora chama de morte.

– Susana, tem certeza que o convento é a sua vocação? Essas idéias de sobrevivência e comunicação não são da Igreja!

– Mamãe, o estudo da sobrevivência e da eterna comunicação entre os filhos de Deus é a realidade da Vida e posso estudá-la e até me colocar receptiva a isso.

– Meu Deus, Susana! Você está completamente perdida! Nem vou me angustiar! Você vai se arrepender e voltar. Prefiro esperar por você nessa certeza de que me pedirá perdão.

Clarita e Rosália se entreolharam com um leve sorriso nos lábios.

A campainha soou várias vezes antes que a porta fosse aberta.

– Augusto!? O que faz aqui?

– Poderíamos conversar, Carmem?

Ela vacilou por rápidos instantes.

– Fique à vontade, entre.

Augusto esforçou-se para que ela não percebesse o seu desapontamento. Carmem emagrecera sensivelmente. Ele procurou falar como a querer disfarçar o próprio nervosismo.

– Esta casa me causa uma grande emoção! Querida amiga Rosália, quantos momentos vivemos juntos... A sua simpatia transformava qualquer mágoa ou revolta. Inesquecíveis os domingos ao seu lado! Sua voz, cantando músicas antigas, despertava, em quantos a ouvissem, encantos.

– Falando sozinho?

– Não, Carmem, com sua avó.

Ela não retrucou.

– Quer um café?

– Aceito com prazer.

Capítulo 4

Aproximação

Carmem Santoro expressou um disfarçado contentamento nas faces e, um tanto desajeitada, buscou preparar o café. Augusto, procurando respeitar a sua intimidade, ajudou-a.

– Não me ajeito muito bem na cozinha. Falta-me prática.

– Fique à vontade Carmem, deixe que eu passo o café.

Augusto relembrava os primeiros dias do seu casamento. Nas experiências iniciais da vida matrimonial, eles viveram um tempo feliz. Um pequeno período que a gravidez comprometeu. Carmem não idealizava filhos. Julgava-se jovem e com direito a prazeres. Era amante de grandes viagens e filhos assomavam como impedimento e estorvo.

– Vou esquentar o pão, Augusto.

A conversa se iniciava em uma freqüência lacônica. Por mais que se esforçassem, faltava-lhes naturalidade.

– Eu coloco a toalha na mesa, Carmem.

– Na gaveta pequena, por favor. Prefere com leite?

– Não, não se preocupe. Café puro mesmo.

Augusto sentiu uma profunda melancolia crescendo em seu ser.

Como se, pela última vez, estivessem próximos. Queria perguntar pelos exames médicos, seu estado de saúde, colocar-se amigo ao seu lado, mas não conseguia.

– Parece que vai chover, o ar está quente, Augusto. Abra mais essa janela.

Ele disfarçou as lágrimas presas, presas como as palavras.

– Teremos chuva sim, Carmem.

– A chuva não lava apenas as ruas, lava a alma também.

Falou mais para si do que para ele.

– O que disse?

– Nada, nada. O cheiro do café está bom. Há tempo não tomo um café como o seu. – Olharam-se. Um minuto que lhes foi significativo. – Gosto de café. Esse cheiro bom parece melhor do que o próprio sabor.

***

Rosália abraçava-se a eles acompanhada por Romão.

– Sua casa é encantadora, amiga. O estilo perfeito dos fins do século dezenove.

– Minha casa, Romão?

Eles riram solícitos a eles mesmos.

– Esses arabescos nas paredes foram escolha sua?

– Escolhi cada detalhe desta casa com muito gosto.

– E muito bom gosto. As cores estão perfeitas. O tom pastel acolhe os outros matizes em uma harmonia suave, amiga.

– Usar as cores é uma sabedoria, Romão. Busquei usar tons que acalmassem a alma e alegrassem o coração.

– Conseguiu, querida amiga. Parece há silêncio em excesso entre esses dois. Falam monossilabicamente.

– Minha neta não sabe conversar. Comum lhe era fazer exigências, reclamar ou falar de coisas corriqueiras. Para uma boa conversa, precisamos bem mais do que palavras. Conversam com sabedoria os que sabem ouvir.

– Para falar é preciso saber ouvir...

– Não, Romão. Para conversar é indispensável saber ouvir. Falar é simplesmente falar. Nesse ato, não existe elaboração, raciocínios claros e úteis, amizade e cuidado com o outro. Na conversa, há seqüência num ritmo sensível de paz e alegria. A conversa é uma grande troca a germinar força.

– Uma grande parte fala sem o menor cuidado e nem percebe. Eu sou um desses. Falo sem pensar. Quero sempre falar mais do que os outros e fico irritado se discordam do que falo, dona Rosália.

– Na dedicação ao trabalho, você aprenderá a falar com proveito. O convívio respeitoso, entre os que buscam aprimoramento, é germinativo de grandes belezas.

– Esses meses ao seu lado me ajudaram muito. Começo a me tornar sensível à urgência de meu aperfeiçoamento. Corrija-me, por favor, sempre que eu incorrer em desrespeito face à Lei de Deus.

– Fiel ao trabalho, você alcançará as bênçãos de que necessita, Romão.

– Vai ajudá-los na conversa que precisam desenvolver?

– Não, não vou interferir. – Romão olhou-a sem entender de imediato, mas preferiu silenciar. – Eles precisam da simplicidade ou da inibição que lhes é particular. É útil que eles percebam a realidade dessa proximidade. Perderam excelentes oportunidades para aprimorar a relação que lhes foi própria. Hoje, embora existindo uma relativa amizade, há contradições e desentendimentos que poderiam estar transformados. Não conseguirão improvisar.

– Seria aferir deles mesmos nessa proximidade?

– Exatamente, isso. Deixe-os.

Rosália caminhou para a porta posterior da casa. Romão seguiu-a silencioso.

* * *

Augusto partia o pão com as mãos e, com calma, deixava os pequenos pedaços no cesto. Carmem observava-o sob ares de compreensão.

– Perdão! Essa velha mania, que por tantos anos aborreceu você, se repete.

Tentou passar os pedaços para o seu prato, mas ela o impediu.

– Não, por favor, fique à vontade. Não se importe com o passado, eu fui uma tola, implicante e malvada.

Augusto procurou não insistir.

– Os hábitos são fortes, difíceis de serem superados.

– Piores são os sentimentos negativos, Augusto.

Uma sombra transpareceu nos seus olhos. Mistura de arrependimento e tristeza.

– E as crianças?

Ele tentava mudar o ritmo da conversa.

– As crianças?

Carmem deu um sorriso meio apagado.

– Maneira de falar. Renata e Otávio cresceram. Estão quase independentes, Carmem.

– Independentes...

– Otávio prestará o vestibular, não se esqueça.

– Ele não me deixa esquecer! Fala nisso o tempo todo!

– Que bom que pensa em estudar, isso tem um grande valor!

– E Letícia?

– Nossa filha tem-se esforçado com absoluta sinceridade.

– Fiquei surpresa com ela. E as crises?

– Não se repetiram, graças a Deus.

– Eu fui à missa, Augusto.

Ela falara com grandes receios. Temia represália e não queria comprometer aquele momento.

– Que bom, Carmem! É primordial buscar Deus. Fico feliz por você. Essas vivências educativas e fraternas enriquecem o coração.

– Norma, lembra-se dela?

– Claro, sua amiga de infância.

– Uma amiga que deixei longe, que ignorei por longos anos e que sempre me valorizou.

– Aceitar bons convites é importante, Carmem.

– Tenho grandes dificuldades para entender a justiça divina. Tudo me parece castigo, mau gosto, indiferença.

– Não se limite a ouvir sermões. Estude, reflita e converse o tanto que lhe for possível.

– Não sinto vontade para essas coisas. Estou desanimada, muito desanimada.

Era visível a sua fragilidade física.

– Se puder ajudá-la...

Ela o olhou de forma introspectiva. A resposta demorou longos instantes.

– Se eu precisar, chamarei você, Augusto.

– Preciso ir, Carmem.

– Gostei de sua presença nesta casa. Dê um abraço em Letícia.

– Amanhã ou depois, ela virá abraçá-la. Obrigado.

Augusto saiu caminhando sob um enorme controle. Não queria chorar na rua, lamentar horas perdidas, constatar que poderia ter sido diferente. Um tanto perturbado, não prestou atenção à direção que tomava. Os passos estavam acelerados e fortes. Cessou-os um tempo depois. Os portões da residência de Vaz Serra ali estavam. Assustou-se. Não percebera o percurso. Pensou em voltar, mas resolveu tocar a campanhia. Ísis o atendeu com enorme hospitalidade. Convidou-o a entrar. Vaz Serra recebeu-o muito bem e ofereceu-lhe um chá.

– Obrigado, não se preocupem. Acabei de saborear o café de Carmem. Bem, na verdade, eu mesmo o fiz.

Vaz Serra admirou-se.

– Saboreou o café de Carmem?

– Fui à sua casa, conversamos, serviu-me um café. Ao sair, senti-me constrangido por inúmeras coisas. Afastei-me de meu caminho e nem percebi.

– E chegou à nossa casa, que bom, Augusto!

– Agradeço-lhes a receptividade, não quero incomodá-los, meus amigos.

– Augusto, fique inteiramente à vontade. Tenho compromissos inadiáveis, mas Amélio tem todo o tempo do mundo.

– Doutor Amélio é sempre muito ocupado, como poderia dispor de todo o tempo do mundo?

Os amigos riram e Ísis se afastou.

– Estou reduzindo um pouco o meu trabalho profissional. Começo a me preparar para escrever um livro.

– Escritor? Que bom!

– Talvez um contador de histórias, Augusto. Mas, e Carmem?

– Preocupou-me um pouco. Magra, indefesa e retraída.

– E os filhos?

– Carmem tem merecido a atenção de todos eles, Dr. Amélio.

– Recebeu-o bem, Augusto?

– Muito bem. Nossa conversa se iniciou um tanto fraca, mas melhorou à medida que falamos. Eu gostaria tanto de ajudá-la e não sei o que fazer! Estou me sentindo inútil diante das lutas que a envolvem. Sei que não existe castigo, mas é como se estivesse sendo castigado nessa impossibilidade.

– Augusto, não se afaste da reflexão com Deus. Somos filhos muito amados e nada nos autoriza a duvidar da proteção superior. As lutas são bênçãos necessárias à evolução.

– Minha dor é a constatação do muito que poderia fazer e não valorizei. Perdi muito tempo!

– Meu amigo, qual o valor da lamentação? O que edificaríamos com ela? Pondere quanto ao que nos é possível hoje. Não malbarate o tempo, evite contaminar os seus pensamentos e palavras e agilize o seu potencial. Não há condenação na Vida e, sim, operosidade.

Os olhos mansos e claros de Vaz Serra envolviam-no fortemente. O jeito ameno de ser acalmava, transfundindo confiança. Augusto não mais represou as lágrimas. Como um menino, que há muito precisava desabafar, de nada se envergonhou desaguando sua dor.

Vaz Serra ergueu-se de onde estava e remexeu na estante em

busca de uma música suave. Após uma rápida escolha, abriu um pouco mais a cortina. Intencionava deixar Augusto mais aquietado. Não lhe fez perguntas, não ansiou respostas. Simplesmente, estava ao seu lado e, intimamente, unia-se à proteção superior irradiando-lhe paz.

5 CAPÍTULO Recordação

Letícia, usando um despojado macacão de linho azul, pés no chão, cabelos presos no alto da cabeça, conversava com Camuca:

– Não me reconheço! Nunca pensei que pudesse me sentir tão feliz! O Espiritismo permite um conhecimento muito vasto da realidade eterna. Parece-me impossível entender as distorções do caráter, o desamor e a própria felicidade longe das bases que regem a reencarnação. Essa aprendizagem é muito importante. Como consegue, uma grande parte de pessoas, viver sem esse conhecimento?

– Estou feliz, minha menina. Que bom! Estarei ao seu lado e me esforçarei quanto for preciso.

Letícia abraçou-a, rindo com graciosidade.

– Como, então, estará ao meu lado e se esforçará? Camuca, você é o anjo bom da minha vida! Sempre esteve disponível e receptiva. Sua busca honrada é a de desencadear coisas boas em nossos corações.

– Letícia, discordo, minha filha.

– Papai, nem o vi se aproximar!

– Camuca é o anjo bom de nossas vidas. Sem ela, teria sido tristonho e árduo. Nunca me cansarei de agradecer.

– Por favor, é melhor mudar essa conversa.

– Não, Camuca, papai está certíssimo. Nosso reconhecimento é sincero. Você é valiosa!

– Muitas vezes, a sua calma me levou a reconsiderar situações graves, perante as quais eu me reconhecia frágil.

Camuca enxugou algumas lágrimas.

– Fui feliz em tudo o que fiz. Eu não saberia viver longe de vocês.

Augusto segurou-lhe a mão beijando-a com enorme afeto. Ele mesmo, profundamente emocionado.

– Obrigado, Camuca. Anseio prosseguir ao seu lado. E tomara eu seja capaz de lhe proporcionar uma parte do muito que você nos deu.

– Quanto romantismo na sua voz, papai! – Camuca mostrou-se assustada. Augusto sobressaltou-se. – Perdão, não queria inibi-los. Vocês fariam um par harmonioso.

A serviçal sentia-se desnuda perante a naturalidade de Letícia. Amara Augusto desde o primeiro encontro e conservara aquele amor em absoluto silêncio por todos aqueles anos. Ele lhe deu apoio em meio ao seu embaraço.

– Camuca, nosso sentimento é uma força de paz. Não se iniba por ele.

Nossa jovem espantou-se.

– Que sentimento, papai? Sempre o vi delicado, atencioso e forte ao lado dela, mas pensei fosse uma grande amizade.

Augusto segurou a mão de Camuca, que se retraiu sob um recatado protesto. Nenhuma sombra encobria o seu olhar. Um movimento novo explodia-lhe nas faces.

– Amo Camuca, minha filha.

– Ama!? Ama como mulher? Jamais desconfiei! Vocês foram muito discretos nesse sentimento que os une.

– Decepciono-a?

– De maneira nenhuma, papai! – Aproximando-se de Camuca,

abraçou-a. – Você merece todo respeito, amo-a e tudo farei para que seja feliz com papai.

– Dona Carmem merece o meu respeito. Jamais faria qualquer coisa contra ela.

– Não é contra ninguém, Camuca. É amor.

– Por favor, esqueça tudo isso.

Sem maiores reservas, saiu apressadamente.

– Você a assustou, Letícia.

– Papai, estou muito feliz. Vocês merecem compartilhar os seus ideais mais íntimos. E ninguém é melhor do que Camuca. – Abraçou-o alegre. – Não se iniba, papai! Cative-a mais ainda, fique com ela!

– Não há ansiedade nesse amor. Precipitar acontecimentos é negativo. Estamos felizes só em saber que nos amamos, minha filha.

– Mal posso acreditar nessa compreensão e força de seus corações! Sei que mamãe o relegou a terceiro plano. Nunca o fez feliz. Privou-o de contentamentos enormes. Não deixe passar mais tempo, papai!

– Não se inquiete, estamos bem. Pondero que, a Carmem, essa revelação seria muito sofrida.

– Ela não entenderia, o senhor está certo.

– Com licença.

– Eduardo!

– É um grande prazer voltar a este jardim.

– Recebê-lo é uma honra, meu jovem.

– É uma felicidade sem limite, meu amor.

Abraçaram-se. Augusto deixou-os a sós.

Um calor percorreu o corpo de Letícia. Os braços fortes circundaram-na. A pele de Eduardo, morna e macia, confundia-a. Um perfume de excelente escolha parecia se ensaiar e, ao mesmo tempo, se esvaía no éter. Nossa jovem passou as mãos pelos cabelos fartos e bem arranjados do rapaz, respirou profundamente e o beijou ligeiramente nos lábios.

A Eduardo, aquela aproximação era quase loucura. Nunca vivera uma emoção tão grande. O corpo esguio e belo de Letícia parecia porcelana fina ao seu contato. Percorreu as mãos por suas costas, afagou-lhe os cabelos e, num ímpeto mais arrojado, soltou-os, beijando-os seguidamente.

Uma mágica, a do amor, conduzia-os ao enlevo possível aos que se amam.

A mão suave e clara de Letícia acariciou-lhe as faces sob sussurros de amor. Os olhos integraram-se ao infinito numa mistura de céu e mar, talvez o verde expressivo das matas, ou quem sabe, algum tom colhido dos deuses.

Os delicados botões do macacão aguçaram-lhe os sentidos. Eduardo ansiou desabotoá-los e se conteve. Nada o credenciava a um gesto ousado como esse. Sem palavras, mas no impacto profundo que as trocas provocavam, dirigiu-se, com a amada, a um recanto mais discreto do jardim.

Letícia sentiu um latejar quase invisível na fronte. Imaginou estar sob o crescer de uma estranha letargia. Pensou nos últimos meses, na confiança que cultivava agora, na proteção superior...

Os lábios de Eduardo não mais queriam resistir aos encantos e prazeres que o momento assinalava. Perdeu-se de apreensões e controles e beijou-a profundamente.

Ao prazer, sobrepunham-se sensações indescritíveis. Letícia não as explicava e temia. Imagens, dolorosas imagens cresciam à sua visão interior. Parecia-lhe ouvir gritos. Gritos que a deixavam em pânico. Em um esforço sobre-humano, tentou desencadear bênçãos que a fortalecessem. Ao carinho sincero e forte de seu eleito, queria responder com naturalidade. Amava-o, não lhe cabiam dúvidas. Dedicar-lhe toda a vida, de corpo e alma, ideal conscientizado.

Eduardo não lhe percebia a angústia controlada. A candura de Letícia, o frescor suave e o imenso afeto que lhe votava levavam-no a desejá-la intensamente.

Letícia, sob imensa luta íntima, não querendo aceitar o que

acontecia, começou a se debater nos braços de seu amado. Lágrimas amaríssimas marcavam-lhe o semblante em dor. Num movimento de impossível controle, ela se rebelou, deixando-o estático.

– Afaste-se, afaste-se! Não volte a me tocar! Odeio o seu desejo, essa fúria que o devora! Você é mau, tenho nojo de sua proximidade! Anseio vê-lo morrer e o mataria, se pudesse!

Aos gritos desesperados, acorreram os familiares acompanhados de Vaz Serra e professor Gustavo. Camuca, ao vê-los nas carícias preliminares, sob a quietude do jardim, sentira confranger-se o coração. Ao expor os seus temores a Augusto, concluíram que o melhor seria solicitar a presença dos amigos.

Nossa jovem se debatia sob uma grande expressão de dor. Augusto abraçou-a fortemente. Eduardo, apesar do susto, recobrava a calma.

– Filhinha, é o papai. Camuca está conosco, confie. Não existe perigo, acalme-se.

Lágrimas que se assemelhavam a uma enxurrada forte. O balbucio de palavras ininteligíveis, a resistência para se acomodar no banco do jardim. Camuca enlaçou-a, forçando-a a se sentar. Letícia foi se deitando no banco, Camuca unindo-se a ela para ampará-la.

O recanto onde estavam conferia-lhes silêncio e liberdade. Vaz Serra e Augusto Lumer oravam, colocando-se receptivos à vontade divina. A voz de Letícia foi se tornando mais clara, muito embora revelasse sensível emoção.

– Não suporto mais tanta dor! – Gustavo Lumer aplicava-lhe energizações ao longo do corpo. Vaz Serra detinha-se na cabeça. Junto aos amigos, a voz de Letícia sofreu profunda modificação, qual a de uma criança. – Mamãe, a senhora está sofrendo. Não, não, mamãe, vem, deixe esse homem, ele é mau, muito mau. Ele judia de você! Viu, mamãe? Ele grita comigo, me manda calar a boca. Não, não feche a porta do quarto, ele vai bater em você, não, não, mamãe!

Gustavo Lumer segurava-lhe as mãos com imenso afeto.

– Minha filha, estamos aqui para protegê-la. Nenhum mal acontecerá a você e à sua mãe. Confie, confie.

– Quem é você? Sua voz é boa. Gosto da sua voz. Fique perto de nós, não se afaste.

– Ficarei, ficarei juntinho de vocês.

– Ele é muito mau, arrancou a roupa da mamãe, rasgou a roupa da mamãe, ele leva mamãe pro quarto, eu sei que bate nela!

A vozinha infantil misturava-se a um pranto doloroso.

– Tudo isso irá terminar, confie, minha filha.

– Todo dia, ele bebe muito e fica cheio de maldade. Obriga mamãe a dar beijo, quer abraço, força mamãe a se deitar com ele. Mamãe precisa mandar ele embora. O meu paizinho morreu... – O choro se intensificava. – Não me lembro dele, eu só tinha três anos quando ele morreu. Esse homem chegou prometendo cuidar da gente, mas ele bebe muito, é mau. Tenho medo, tenho medo, mamãe, mamãe, vamos embora!

Vaz Serra emocionava-se com o relato da pequena criança. Constrangia-se-lhe o íntimo como que fazendo parte daquele drama.

– Nós vamos cuidar dele também. Ele não é mau, está enfermo da alma.

– Ele é mau, bate na minha mãezinha. Faz ela sofrer.

– Tudo isso vai terminar. Vou cuidar de vocês.

Ela ficou, sob longos soluços, trêmula, silenciosa. Vaz Serra, acariciando-lhe os cabelos, numa emoção que lhe embargava a voz, falou-lhe sob doce inspiração:

– Ele precisa de nossa proteção. Aquele que fere tem o coração em dor. Compadeça-se dele, minha filha.

Ela rompeu o silêncio:

– O senhor, o senhor pode ajudar mamãe. Leve esse homem, ele é mau. Olha, ele está abrindo a porta do quarto. Veja, veja, arrasta mamãe. Bateu na minha mãezinha. Vou bater nele, vou bater muito, muito! Saia, seu cachorro, tire a mão de minha mãezinha, saia, saia! Pode me bater, pode bater quanto quiser! Mamãe, não me importo, não me defenda, quero sentir a mesma dor que a senhora sente. Deixe ele me bater. Não, não, não, mamãe! – Novo silêncio, profundo silêncio. As lágrimas desapareceram quanto as palavras. Após arrastados minutos, quase a sussurrar, ela retomou a fala. – Mamãe, ele caiu. Caiu, mamãe. A cabeça está com sangue, sangue, muito sangue. Não chore, mamãe. Pare de sofrer! Veja, ele morreu. Não sofreremos mais, acabou, mamãe!

Gustavo Lumer voltou à transmissão fluídica. Letícia foi se acalmando.

Camuca esforçava-se para não desmaiar. Enorme angústia comprimia-lhe o peito.

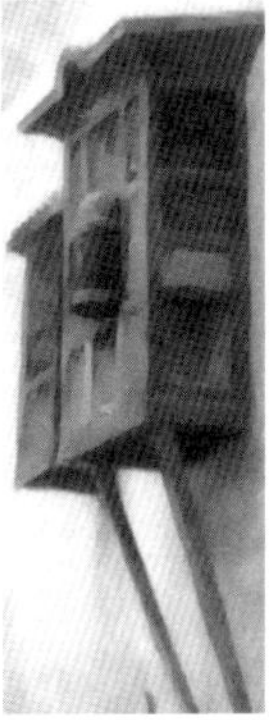

6 Revelação

CAPÍTULO

Amparada pelos familiares, Letícia foi reconduzida aos seus aposentos. Relembrava parte dos acontecimentos que a levaram ao trauma que vivia no presente.

– Doutor Amélio, fui essa menina que não conseguiu suportar bem as próprias dores, não é?

– Sim, Letícia, mas não se analise duramente. As provas que viveram, sua mãe e você, foram árduas.

– O homem que nos maltratava não era o meu pai. Ainda bem!

– Minha filha, os que estão em harmonia não ferem o próximo. Esse homem estava enfermo. Em meio aos seus desequilíbrios, conduzia dores aos seus corações. Pensemos nele como filho de Deus.

– Regredir... Eu jamais poderia imaginar que sou capaz de regredir. E meus pais? Fiquei sob forte sensação de quem seriam, mas prefiro aguardar a seqüência dessa história.

Olhando ao redor, percebeu Eduardo quieto a um canto. Estendeu-lhe a mão. Ele a segurou com imenso amor.

– Não se esforce, meu bem. Descanse um pouco!

– Apesar dessa emoção, estou me sentindo aliviada. Descobrimos causas, Eduardo!

Gustavo Lumer ampliou a reflexão, procurando tranqüilizá-los.

– Sua regressão ocorreu naturalmente e com muita proteção superior. Mais uma vez, sentimos a força do bem a nos orientar.

Camuca sentia-se fraca, embora um pouco mais refeita do mal-estar que crescera durante a regressão de Letícia. Vaz Serra, percebendo-a pálida, procurou doar-lhe energia. Augusto, um tanto abstraído, ponderou:

– Camuca não pode ver Letícia em aflição. Sofre mais do que ela.

Em rápidos instantes, sob as energias que lhe eram oferecidas, Camuca sentiu-se desfalecer. Professor Gustavo amparou-a, percebendo-lhe os sinais regressivos. A voz fazia-se aflitiva, trêmula, plena de dilacerações:

– Não quero levar sofrimentos à minha menina, mas não sei o que fazer! Temo me afastar desse homem!

Nossa jovem, ao ouvi-la, estremeceu.

– Doutor Amélio, o que significa isso? Camuca, como eu intuí, foi minha mãe?

Augusto abraçou-a buscando tranqüilizá-la.

– Fique calma, Letícia. Por que ficar assustada?

– Eu senti que Camuca foi minha mãe e o senhor, o meu paizinho querido!

– Calma, silencie, refletiremos depois. Camuca precisa de nosso apoio. Cuidado, filha!

Abraçando-se a Eduardo, nossa jovem esforçou-se para não interferir.

Nosso professor amparava Camuca.

– Estamos ao seu lado, tranqüilize-se.

– Felício afirma que matará minha menina se eu abandonar a casa. Não sei o que fazer, tenho muito medo! Já pedi, cheguei a me humilhar e nada adiantou! Ele estava muito mal quando nos encontramos. Cuidei dele com carinho. Logo que ficou bom, voltou a beber, voltou a beber muito. Fica muito agressivo quando bebe! Palavrões, brigas e agressões físicas. O que será de nós?

– Confie em Deus. Busque Deus, minha amiga.

– Buscar Deus... Não posso falar de Deus nesta casa. Ele fica revoltado. Proíbe-me de tudo!

Um choro dominou-a. Os amigos buscaram proteção através da prece. Vaz Serra sussurrou para Gustavo Lumer:

– Acredita que esse processo regressivo se aprofundará ainda mais? Ela está muito pálida.

– Estamos sob a proteção divina, nada a temer.

– Ele está chegando! Nossa casa é pequena, tem apenas um quarto. Ele expulsará minha menina do quarto e, se eu deixar, ele arrastará Ana para a sala. Preciso proteger a minha menina. – E, sob profunda tensão, começou a gritar. – Não, não, deixe Ana dormir, a noite está muito fria! Pode me bater, faça o que achar melhor, mas não toque nela! – A respiração fazia-se angustiosa, intensa, entrecortada. – Ana, você acordou, minha menina. Vá pro quarto e tranque a porta. Não, Felício, deixe a menina! Deixe-a! Não toque nela! Não a abrace dessa maneira! Você não presta! Solte-a! Seus instintos são ruins! Solte minha menina!

Gustavo Lumer e Vaz Serra acolhiam-na em grande carinho.

– Acalme-se, estamos ao seu lado, amiga.

– Quem são vocês?

– Amigos, somos seus amigos.

– Ele está morto, morto! Caiu, caiu, ele bateu com a cabeça. Não fui eu, não foi a minha menina! Não fomos nós, não mataríamos Felício! Ninguém vai acreditar, e agora?

– Vamos buscar a proteção divina. Confiemos em Deus, nosso Pai Eterno.

– Terei que pagar ainda mais? Não matei Felício! O que fazer agora? Vou chamar seu Alberto. Ele é bom pra nós! Não chore, minha menina, não chore! Seu Alberto vai ajudar!

Lentamente, foi se acalmando.

***

Rosália enxugou algumas lágrimas. Com imenso carinho, envolveu Camuca em suas vibrações. Lentamente, sobreveio-lhe tranqüilidade.

Romão, um tanto ansioso, tentava controlar a vontade de conhecer aquela história por completo. Rosália, sentindo-o meio aflito, mas no esforço sincero de ser útil, esclareceu-o:

– Quantas interrogações?

Ele a olhou, meio sem graça.

– Interrogações!?

– E não as tem, Romão?

– Perdão, amiga! Releve esse meu jeito curioso de ser. Coisas muito sérias acontecendo e eu querendo as conclusões dessas vivências! Preciso me educar.

– Não se reprima em excesso. Eu teria a mesma vontade, fique tranqüilo. Camuca e Augusto são os pais da menina Ana, hoje reencarnada como Letícia. Felício é o nosso Lélio, no momento recolhido para tratamento junto a Sérgio Augusto.

– O que aconteceu? Sei que elas não o empurraram. Em meio à própria violência, bêbado, ele caiu. Conseguiram provar inocência?

– Alberto, a quem se referiu Camuca, era o doutor Vaz Serra. Proeminente jurista, homem digno, uma existência voltada aos menos favorecidos.

– Mas, jurista! Hoje me parece excelente médico! Não o teria sido sempre?

– O espírito, no seu longo percurso evolutivo, vive sob as ricas possibilidades que a reencarnação promove. Doutor Vaz Serra destacou-se na área do Direito tanto quanto na Medicina. Mãe e filha foram, por ele, inocentadas. Fácil lhe foi provar as crueldades de Felício. Antiga companheira, por ele desprezada antes de se aproximar de Sara, fora tão severamente espancada, nos últimos meses de convivência, que ficara parcialmente incapacitada fisicamente. Seus desequilíbrios eram por muitos conhecidos.

– Minha curiosidade é uma de minhas maiores fragilidades?

– Por quê?

– Invade-me imensa vontade de saber quais as razões que determinaram esses resgates para Ana e Sara, sua mãe. Por certo, não eram inocentes.

– Inocência... – Rosália ficou pensativa por um bom tempo. – Inocência é um estado de simplicidade e candura. Felício fora, em outra existência mais distante, um irmão adotivo que Ana e Sara desprezaram quando deveriam cooperar para o seu reequilíbrio. Impacientes com as suas fragilidades, buscaram meios de o deserdarem. Felício mais se degradou.

– Por isso Sara tentou ajudá-lo a se recuperar?

– Na verdade, uma recuperação parcial. Quando Sara o encontrou, extrema fragilidade física o dominava. Por extensos meses, lutou para que melhorasse. Um reequilíbrio físico demorado pelas quedas seqüentes em relação ao vício, que o dominava.

– Mas não observei, nesses meses, qualquer interesse de Lélio por Camuca e Letícia.

– Engano seu, Romão. Quando as reencontrou, há alguns anos, sentiu certa repulsa. Mas o fanatismo por Carmem e Natalino o absorve mais do que tudo.

– Que estranha ligação...

– Os que se afastam de Deus apegam-se.

– Apegam-se... – Ele a interrompeu quase sem perceber. Falava meio para si mesmo. – Apegam-se a tudo e a todos.

– Refletindo, meu amigo?

Ele ficou meio aturdido.

– Perdão! Divaguei pensando em mim mesmo.

– É muito importante assumir compromissos úteis. Lélio foi excessivamente mimado por Carmem e Natalino. Eles o julgavam perfeito, incomparável, por ser fruto da paixão que consideram um amor sem igual. Tornou-se muito frágil, inseguro e medroso. Os pais, julgando-o melhor do que qualquer outra criança, impediram-no de infância e juventude em que pudesse brincar e se socializar, estudar e exercitar aptidões. Concediam-lhe além do necessário e inibiam-lhe movimentos mais livres, temendo contágios. Sob tão grandes arbitrariedades, tornou-se incapaz para uma série de possibilidades.

– Amiga Rosália, por mais que eu procure silenciar minha curiosidade, questionamentos me dominam. Lélio não foi, por toda a sua vida de ser eterno, filho deles. Como entender essa grande responsabilidade atribuída a Natalino e Carmem?

– Foram pais em momentos decisivos para ele. Por umas quatro vezes, reincidiram na mesma falta. Excessivos mimos sob a ilusão de superioridade.

– Meu Deus, nunca pensei que viver fosse tão sério!

– Sério e bom, Romão! Confiemos! Lélio, agarrado a Natalino, está sob a proteção de Sérgio Augusto.

– Mas, e Sérgio Augusto?

– Agora, vamos cuidar de Camuca. Falaremos depois.

Capítulo 7

Reconhecimento

Os olhos amorosos de Camuca, molhados de pranto, fixaram-se em Letícia. Nossa jovem ergueu-se, sob profunda emoção, e abraçou-a.

– Nunca teria sido necessária essa regressão para sabermos que esse amor, que nos une, vem de muito e muito tempo. Obrigada, mãezinha.

– Minha menina... Eu sempre amei você! Antes de chegar à sua casa, já sonhava com uma criança de pele delicada e rosada, que embalava em meus braços.

– Agora, mais do que nunca, eu a protegerei. Obrigada por esse desvelo sem limites que sempre nos ofereceu.

Augusto enxugou algumas lágrimas.

– Doutor Amélio, por onde andará Felício? Seria muito bom reencontrá-lo. Quem sabe poderíamos aprender juntos?

– Se o Poder Superior reconhecer possibilidades imediatas nesse reencontro, recolocar-nos-á face a face.

– Por que se coloca de forma tão próxima nessa história, doutor Amélio?

– Letícia, a emoção que vivi é um sinal inequívoco de que estivemos juntos. Aguardarei, caso seja possível, maiores informações a esse respeito. Mas quase poderia afirmar que participei intimamente desse drama vivido por vocês.

– Fico feliz com a sua percepção a esse respeito. Eu lhe quero muito bem. Sinto gratidão pelo senhor.

– Letícia...

– Minhas febres, joelhos ralados, adolescência orientada e muitos outros acolhimentos levaram-me a um carinho muito grande. Mas, com certeza, descobriremos que o seu zelo é um bem que nos envolve há muito tempo.

Deixou Camuca e o abraçou, beijando-lhe as mãos.

– Sou um velho tolo! Terão que secar as minhas lágrimas! – Olhou para os amigos e se deteve em Gustavo Lumer. O ilustre professor conservava-se calmo a observá-los. Vaz Serra, sob um impulso irresistível, abraçou-o longamente. Aos dois, transbordou um sentimento de grande apreço.

– Obrigado, Vaz Serra.

– Como!? Eu devo agradecer! A sua atenção para conosco é ilimitada.

– Estar próximo a vocês é crescimento ao meu coração.

Uma emoção cresceu suave. Uma delicada sensação de que se amavam além das transitoriedades da Terra. Augusto não conteve o pranto. Camuca, num movimento leve e natural, acariciou-lhe o ombro. Letícia, com extrema naturalidade, deu alguns passos e abraçou longamente Gustavo Lumer. O ilustre professor, acolhendo amorosamente as próprias lágrimas, sugeriu-lhes um agradecimento a Deus.

A gratidão é um sentimento indispensável ao nosso crescimento íntimo. Importante o reconhecimento perante o bem que possamos desencadear e receber do outro, mas fundamental é agradecermos ao Pai Eterno acima de todas as coisas. Nunca nos esquecermos dos ilimitados cuidados de Jesus. Como Ele mesmo proclamou, antes que fôssemos, Ele já era e velava. Um comovente agradecimento se elevou de seu íntimo emocionando a todos.

– Senhor Jesus, em meio à enorme alegria que nos toma o íntimo, queremos agradecer. Qual o tempo de sua amorosa proteção para com a humanidade? Sabemos que é o ilimitado. Só agora, no entanto, começamos a entender o que é a Vida. Iniciamos o nosso questionamento quanto ao que devemos fazer e nos esforçamos para realizarmos em harmonia com a Lei. Impossível uma reverência sincera se estivermos longe da operosidade, das lutas que aprimoram o caráter e dignificam a alma. Colocamo-nos receptivos ao seu amor e buscamos a sua proteção para muito mais entendermos quanto nos cabe assumir nos rumos do bem. Cumpra-se, em nossos corações, a sua vontade.

Letícia apertava a mão de Eduardo. Uma indizível emoção dominava-os. As lágrimas desaparecidas cediam lugar às batidas fortes de seus corações. Vaz Serra perpassou o olhar pelos amigos...

– Esforçar-me-ei para ser digno de toda a bênção que recebo do Poder Superior, dos amigos espirituais e de vocês.

– Precisamos partir, amigos.

– Professor Gustavo, gostaria de retribuir e sei que só os meus esforços nos caminhos do bem permitirão que eu alcance essa realidade. Obrigado.

– Augusto, prossiga nos seus estudos e nas horas de trabalho útil ao próximo. Contribua para o equilíbrio de sua casa e dedique-se à vida profissional com a consciência elevada a Deus. Que, a cada amanhecer, você esteja mais forte pelas lutas que empreender junto a Jesus. Confie.

Reconduziram-nos através do jardim e se recolheram pensativos e emocionados. Naquele momento, não queriam pensar ou falar sobre as vivências agora acessadas.

* * *

Romão se agitava entre a alegria daquela proximidade e a emoção de se identificar com as fragilidades reveladas na regressão.

– Penso que nunca chorei com tanta freqüência! Se não estou chorando, a curiosidade me leva a perguntas sem fim.

Rosália riu com simplicidade. Ares de profunda tranqüilidade nas faces.

– As lágrimas e os questionamentos são úteis. Inadequado seria chorar por tolices e fazer perguntas bobas a respeito de acontecimentos que não nos são próprios.

– Onde será que me situo? Percebo, mais do que antes, que pertenço à família.

– Romão, cultive esse pressentimento, atinja o cerne dessa realidade, mas não se descuide do hoje. No momento em que vivemos, estão as melhores oportunidades que o planejamento reencarnatório nos concedeu. Sem aplicação, não se concretizam ideais.

– Sua observação é muito justa. Vasculhar o passado e ansiar o futuro, com certeza, prejudica o presente.

– O maior cuidado precisa ser com as possibilidades que o momento indica.

– No caso de Letícia, foi especial. Entendo, amiga.

– Os familiares não se moveram invadidos pela curiosidade. Essa incursão nos caminhos do passado foi espontânea e útil.

– Conseguirão falar com Lélio?

– Sérgio Augusto decidirá isso. Vamos?

– Posso perguntar para onde?

– Perguntas...

– Perdão! Conduzido pelo seu carinho, chegarei a um porto seguro, vamos.

Rosália riu levemente, conservando-se em silêncio.

***

Sérgio Augusto terminava uma aula e veio ao encontro dos amigos.

– Como vai, meu amigo?

Romão ficou surpreso. A naturalidade daquela saudação o felicitava e, ao mesmo tempo, suscitava curiosidade. Amigo...

– Estou me sentindo mais forte, contudo, chorando a todo momento e perguntando demais.

– Esforce-se. Perguntas bem formuladas desencadeiam boas descobertas. O choro sincero aclara a visão interior.

– Obrigado. Estou conquistando uma nova consciência. Não permitirei desânimo à minha vida.

– Somos capazes, Romão. Não se distancie do estudo e dos esforços restauradores que viabilizam equilíbrio. Não tenha pressa, mas trabalhe, cada minuto, com boa vontade e determinação. Amiga Rosália, venha.

Caminharam por entre canteiros de margaridas. Sérgio Augusto, em todos os detalhes, se esforçava pela simplicidade. Atingiram as dependências onde Natalino e Lélio estavam recolhidos. O encontro, naquele momento, era-lhes indispensável.

Natalino, a um canto de um cômodo despojado, mostrava-se arredio, ares de revolta nas faces.

– Visitas? E visitas inoportunas! Serei obrigado a suportar proximidades que me revoltam. São uns covardes, a pior de todas acaba de chegar! Conseguiu, não é? Deve estar muito feliz! Estou distante de Carmem. Mas não se enganem, voltarei. Nada poderá nos separar.

– E algum dia eu tentei separá-los? Pense melhor, Natalino!

– Não vou gastar tempo inutilmente! Quero a minha Carmem!

– Ela igualmente lhe quer. Que bom quando reconhecemos seres que se aproximam pelo amor! Lamentável é a separação pelo ódio.

– Mudando de opinião? Nunca nos quis juntos!

– Não é verdade, Natalino.

Um sentimento de dor foi se expandindo no íntimo dele e, num grito libertador, acusou-a:

– Sempre tentou me afastar de Carmem! Reprovou nossa união, invejou a felicidade que nos caracterizava e lutou para nos separar!

– Engano seu. Anseio o reequilíbrio de minha neta e sinto-me disposta a cooperar com você.

– Mentira, mentira! Conheço-a muito bem! É ardilosa, capaz de tudo quando pretende alguma coisa.

Lágrimas, num movimento inesperado, dominaram o sentimento de Rosália. Incontida emoção, percepção de algo muito sério que fizera um dia. E, num impulso profundamente sincero:

– Perdão, Natalino!

– Não me peça perdão! Sofra! O seu egoísmo, a sua prepotência, o seu jeito de superioridade infelicitaram-me.

Romão sentia-se intranqüilo. Gostaria de abraçar-se à amiga, desaguando a dor que começava a crescer no seu coração. Mas não estava credenciado a isso. Retraiu-se em prece.

– Permita-me estar ao seu lado, Natalino, refazendo quanto fiz de errado.

–Nunca! Nunca confiarei nas suas palavras! Atraiçoou-nos mais de uma vez!

Rosália buscou as faces serenas de Sérgio Augusto. Precisava de orientação.

– Deixe-o falar, Rosália. Ouça-o com carinho. Precisamos das verdades que ele expõe neste momento.

Profunda comoção a invadiu.

– Verdades? – Deu um longo suspiro, enxugou as lágrimas. – Natalino, preciso ouvi-lo, continue, por favor.

– Não está com medo? Tenho muito para falar. Contarei tudo a Carmem, tudo, tudo! Ela vai odiá-la! O seu desprezo nos atingiu duramente!

Sérgio Augusto, nos dias em que conservava Natalino e Lélio sob os seus cuidados, trabalhara para que parte das vivências entre eles ficasse mais acessível. Naquele momento, ajudava-o para que as lembranças emergissem verdadeiras e úteis.

– Como reparar, senão pelo trabalho? Procuro me esforçar.

– Pois fique longe, bem longe de nós! Sua presença nos incomoda! Deixe-nos, esqueça-se de nós!

Natalino, em meio às vociferações e movimentos bruscos,

encontrou o olhar do instrutor espiritual e fixou-se nele. Uma força suave emanava, envolvendo-o. Num ímpeto, postou-se à sua frente, magnetizado. Sérgio Augusto colocou a mão sobre o seu ombro e lhe falou brandamente:

– Fale, mas esforce-se para falar sem agressividade. A liberdade de expressão que o abençoa, neste momento, precisa ser valorizada. Cesse os gritos e procure controlar as vibrações negativas que assomam dessas discordâncias.

A Natalino, eram inexplicáveis a doçura e compreensão de Sérgio Augusto. Ao seu lado, sentia-se mais humano e capaz.

– Farei esse esforço, mas preciso falar. As lembranças estão me invadindo o coração, corroendo as minhas entranhas. Se eu não jogar para ela essa dor, não sei o que será de minha vida!

– Faça-o bem. Comece, agora, o reajuste, mas não se esqueça de que, sem boa vontade, não atingimos metas seguras. O momento que vivemos é-nos decisivo. Não se perca desta oportunidade. Relegá-la é agravar comprometimentos perante a justiça divina.

Sérgio Augusto não desviava o olhar de Natalino. Sob firme brandura, buscava acordar-lhe sentimentos que estavam além daqueles desentendimentos.

8 Reconciliação

CAPÍTULO

Profunda comoção dominava o ambiente. Sérgio Augusto, brandamente, mas com segurança, conduzia-os a retrospectivas indispensáveis. Não lhes cabia mais um minuto de indecisão ou insistência nos desentendimentos que os assolaram por várias existências. A Vida protegia-os com absoluta sabedoria, recalcitrar ser-lhes-ia comprometedor. Fugir ou postergar fora comportamento repetitivo que os caracterizara no passado.

– Natalino, pondere que as lembranças estão emergindo sob a bondade divina. Tenho permissão de meus superiores para acordar-lhe essas vivências. Se as desprezar, incorrendo nos mesmos sentimentos negativos de ontem, o reajuste tornar-se-á muito mais doloroso. Possíveis soluções, entregues à preguiça ou indiferença, distanciam-se de possibilidades de realização. Sem essas oportunidades de reajuste, longe da aceitação das lutas que refazem os sentimentos, enfraquece-se o homem. Ignorar as opções boas que possamos fazer agora é distanciar, por longos séculos, – parou olhando-o de forma altamente significativa – o nosso encontro nos caminhos da própria educação.

Natalino invadia-se de idéias há muito afastadas de seu íntimo.

Teve enorme vontade de tocar Sérgio Augusto. Abraçá-lo sob amenidades. Corrigiu os pensamentos. Temia enfraquecer-se. Relembrou Rosália a poucos passos. A raiva ameaçou explodir. Voltou-se para ela, dedo em riste.

– Finge-se de santa! Sua máscara não me engana! Eu a conheço mais do que ninguém. Pare de disfarçar! Minhas lembranças estão muito fortes... próximas... Acusou-me sem causa justa. Usou subterfúgios para afastar-me de Carmem. Mas, Carmem... – Abstraiu-se por momentos, olhos voltados para uma realidade já vivida. Carmem era Helena, a mulher que o fascinava. Ele, Marcos, plebeu rejeitado pelos pais da linda jovem. – Como são boas as lembranças! Desmascaro-a, agora! Rejeitou-me por fazer parte do povo simples. Suas posses não a credenciavam a agir injustamente. Não lhe bastou negar permissão à nossa proximidade, injuriou-me condenando-me às galeras! Víbora traiçoeira! Eu a condenarei também!

Sérgio Augusto interpôs-se entre eles. Natalino pretendia esbofeteá-la. Romão estava trêmulo, lívido, temia conseqüências.

– Fale com respeito, Natalino.

A firmeza do instrutor não lhe deixava dúvidas. Natalino respirou fundo, vacilou um tanto e prosseguiu:

– E o cúmplice maior está do seu lado, neste momento! Cão desprezível, usou provas mentirosas, forjadas para me fazer desaparecer! Pretende o quê, cão bastardo?

Romão, consternado, sentia que as lembranças eram exatas, reais, tristonhas.

– Remissão... preciso de muita operosidade. Não nego que sou capaz de crueldades... Perdão, tentarei refazer essas mágoas.

– "Mágoas", chama de "mágoas" o meu enorme sofrimento? Prepotente!

– Valorize este encontro, filho.

A voz de Sérgio Augusto, ponderada e sincera, vibrou no íntimo de Natalino de maneira firme e aconchegante.

– O que disse?

Olharam-se profundamente.

– Filho, estou lhe pedindo cuidado com esta oportunidade. Estaria você querendo nos mostrar que não está interessado em se reajustar perante a Lei?

– Filho!? Chamou-me filho? Não mereço suas atenções! Não ignoro as suas tentativas para me ajudar em outras circunstâncias. Minha rudeza é muito grande. Não mereço!

– Marcos, um filho muito amado. Um filho que desejei e busquei educar.

– Seu filho!? Não pode ser, não pode, não é verdade! Aceitá-lo como pai é descobrir que sou bem pior do que pensei. Como, sendo seu filho, iria resistir ao seu caráter e honra? Se o tive pai e não o segui, é por maldade de meu coração!

O amoroso instrutor tocou-lhe os cabelos maltratados, escorregou as mãos por suas faces, deu-lhe ameigado sorriso.

– Meu filho!

– Meu pai!? Não posso aceitar, não posso!

Natalino encostou-se na parede do quarto simples. Por longos minutos, ficou com a cabeça encostada na parede.

Rosália não represava suas lágrimas. O choro lhe fazia enorme bem.

– Querido instrutor, guiou-me os passos, acolheu-me no seu coração, ofereceu-me além do que mereço e atraiçoei o seu filho amado!

– Rosália, tenho-a, igualmente, como filha. O seu coração aceitou-me as orientações. Tudo o que precisamos para refazermos os atos iníquos de ontem é a operosidade nos braços da boa vontade. E meu Marcos não era um jovem inocente. Ressarciu antigos débitos.

Natalino balbuciou:

– A Vida seria esse vai-e-vem de perseguições e cobranças? Olho por olho...

– Não, filho! A Vida é encaminhamento sábio. Por desleixo e

rebeldia, por nossos próprios atos, criamos esses dramas dolorosos. Colocássemos os sentimentos em sintonia com o Criador, nosso Pai, e a história seria de lutas, sim, mas não de brigas e dores.

– O que fazer para retratar-me com o seu filho?

– Amá-lo, Rosália. Cultive esse amor e atingiremos a harmonia ideal. Agora vá, falaremos mais tarde.

Silenciosa e enternecida, foi se afastando lentamente. Romão seguia calado. Naquele momento, não o dominava vontade para questionamentos.

– O senhor é o meu pai... Julguei-me órfão! Pensei poder contar apenas com Lélio e Carmem.

– Esqueceu-se de Deus, filho. Estivessem os seus sentimentos voltados à luta gloriosa do aprimoramento interior, estaria, então, rodeado de amigos.

– Não mereço o seu amor! Afastei-me de toda dignidade. Tão-só Carmem desejei por toda a minha vida.

– Embora dominado por essa paixão, não foi apenas assim todo o tempo. Confie! Aceitará ajuda, meu filho?

Olharam-se longamente. Natalino pensou por largos minutos.

– Tentarei não o decepcionar.

– Lute por você mesmo e não se decepcione com a luta. Não exija milagres. Será árduo. Não espere facilidades, mas saiba que nada se compara às alegrias de estarmos com Deus.

– Perdão! – Natalino não tinha coragem de chamá-lo pai. – Perdão, amoroso instrutor!

– Sou seu pai, Natalino.

– Não conseguirei, de imediato, tratá-lo assim. Preciso me despojar de agregações negativas, mas redobrarei esforços, prometo-lhe.

– Sem promessas, meu filho. Procure agir naturalmente. Venha, você irá para um local apropriado, venha.

– E Lélio? Não posso abandoná-lo!

– Nenhum de nós tem o direito de abandonar os seus semelhantes. Desenvolveremos os mesmos cuidados com ele.

– E Carmem? Não me permitirá vê-la? Sinto muita saudade, por favor!

– Encontrar-se-ão, procure se acalmar.

– Não me é fácil a docilidade. Acostumei-me à rebeldia. Sou exigente e não me cuidei para entender a seqüência natural da Vida. Parece sempre fui mal.

Sérgio Augusto cessou o caminhar, olhou-o bem, passando a mão pelas faces do filho.

– Somos, acima de tudo, filhos de Deus. O Pai Eterno é amor por excelência. Como filhos queridos desse Pai, somos potencialmente fortes.

– Desde quando mergulhei na insânia do materialismo cruel? Olhando-o, quase descreio que fui seu filho. Sou um cego e, ao que me parece, sempre estive com os olhos vendados.

– Busque a verdade, ilumine-se por ela e não gaste tempo condenando-se sob torturas e remorsos. Cabem-nos análises no ideal de transformar fragilidades em forças. A Vida concede-nos oportunidades e fortalece-nos para que empreendamos com acerto. Respeite o tempo e agilize-se, confiando em si mesmo.

Natalino deu um longo suspiro.

– Estou diante de um grande desafio: eu mesmo. O último pedido que farei será o de ver Carmem. Depois, seguirei para o que assinalar a vontade suprema.

– Arme-se de boa vontade. Muitas vezes, julgamos, erroneamente, que as questões mais difíceis são as que se relacionam com o nosso próximo. Mas lidarmos conosco mesmos é árduo. Temos que vencer ilusões a respeito nós mesmos.

– Somos uma imagem. Bonzinhos, inteligentes e fortes. É comum nos considerarmos melhores do que os outros. O senhor está certo. Desfazer essas idéias deve ser difícil.

– Mas possível. Não faltam oportunidades e essas são bênçãos de nosso Pai.

– Vou precisar de muita orientação.

– Comece refletindo sobre o ensinamento de Jesus: "Buscai primeiro o reino de Deus e a sua justiça e todas as coisas vos serão acrescentadas".

– Obrigado. Esforçar-me-ei para entender a Lei de Deus como expressão máxima de justiça e amor.

Por largos minutos, caminharam em silêncio.

***

Romana acionava a campainha com alguma dificuldade. As mãos estavam ocupadas com os quitutes saborosos que trazia aos amigos. Camuca recebeu-a intensamente feliz.

– Querida amiga! Quanta alegria!

Augusto secundava-a no atendimento à porta.

– O aroma está uma delícia! Embora o seu afeto seja tudo para nós. A sua presença dispensa qualquer oferenda.

– Com tantos mimos e agrados, ficarei dengosa.

– Venha, a casa é sua.

À lembrança de Augusto, acorreram as intransigências de Carmem, que nunca permitira a Camuca receber Romana. Era a primeira vez que ela os encontrava ali.

– Obrigado, Augusto. E dona Carmem?

– Bastante frágil. Temo que, em breves dias, não possa mais ficar sozinha. Tem resistido a idéias de uma enfermeira que a proteja. Amanhã, conversarei com o novo médico que escolheu.

– Não quis o doutor Amélio?

– De maneira nenhuma. Mas venha, sente-se. Vou passar um café.

– Não, não, fique! Prefiro conversar. E vocês dois?

Ao inesperado, sempre emergem alegrias, decepções e sustos. Eles estavam surpresos. Camuca nunca lhe dissera nada e confiava na discrição de Augusto.

– Nós!?

– Não se amam, Camuca?

– Amam!?

Augusto rompeu o bloqueio que o tomara.

– Nem conversamos sobre isso. Tememos. Jamais magoaríamos Carmem.

– É hora de falarem sobre esse grande amor. O respeito com que se relacionaram, por todos esses anos, credencia-os a novas determinações. Carmem entenderá. Não é você, Augusto, o companheiro que ela anseia.

– Mas, como sabe, amiga?

– Camuca, por inúmeras vezes, coloquei o nome de vocês em nossas preces. Trabalhamos por dona Carmem e sabemos que ela é ligada a alguém.

– Um homem!?

– Um homem desencarnado. Uma ligação muito antiga.

– E nunca nos contou, por quê?

– Quem lhe disse que os acessos que fazemos, através de atendimentos fraternos, são para contarmos, Augusto?

– Mas eram revelações atinentes à minha família, dona Romana!

– Em que teria sido útil falar? Você não estava unido a estudos e trabalhos como agora. Eu o assustaria, talvez o conduzisse a dúvidas e não me cabe agir assim.

Augusto e Camuca beijaram-lhe a mão.

– Orou e vigiou por nossa família e nem sabíamos!

– Vocês fariam o mesmo. Na seqüência de suas realizações, será natural acolher a dor, tratá-la com todo respeito e carinho.

– Será muito bom retribuir. Buscarei tirar bom proveito dessa lição.

– Servir com Jesus é aprender discrição. Quem alardeia o que faz não entendeu a sublimidade da troca. Carmem encontra-se na despedida desta existência.

– Poderia afirmar isso, querida amiga?

– Eu não. Os instrutores pediram-nos preces e vibrações seqüentes. Os dias vindouros serão difíceis. O desencarne será inevitável.

Augusto tentou disfarçar o mal-estar que crescia no seu coração.

– Parece-me difícil essa idéia. Qualquer separação é dolorosa, amiga Romana.

– Existiria separação? Só os que se odeiam mantêm-se, aparentemente, separados.

– Aparentemente? Apenas aparentemente?

– Por certo, Augusto. Seria possível criar prisões ou grades, muros ou muralhas para prenderem os sentimentos?

– Mesmo afastados, os que se amam ou se odeiam estabelecem vínculos? Isso é muito sério! Preciso estudar um pouco mais.

Romana riu com descontração. Em especial, o seu sorriso iluminava-lhe o rosto. Contagiava energeticamente.

– "Um pouco", Augusto? Precisamos de muito estudo! O homem precisa acordar para a compreensão das conseqüências dos seus atos. Pensando no bem, devemos investir muito mais e, analisando nosso comportamento negativo, é urgente corrigirmos atos geradores de desequilíbrios.

– Irei ao encontro de Carmem ainda hoje.

Camuca, como sempre de poucas palavras, observava-os pensativa.

– Silenciosa em excesso, Camuca.

– Penso na nossa ignorância. Quase nada sabemos, mas achamos que sabemos.

– Essa soberba tem-nos infelicitado.

– Estamos no caminho das correções justas. O trabalho nos fortalece e protege. Mas, e vocês? Insisto em que pensem com carinho. Uma seqüência de vida compartilhada é uma bênção.

Augusto olhou-as longamente.

– Pensarei, amiga. Agradeço o seu carinho, a sinceridade e atenções conosco. Obrigado.

– E Letícia?

– Foi ao encontro de seu eleito.

Com critério e detalhes, relataram a Romana os últimos acontecimentos. Trocaram idéias e colocaram-se à mesa para o sabor dos quitutes que lhes foram oferecidos.

9 Despedida

Capítulo

Augusto, um tanto nervoso, conduzia a Carmemas suas flores preferidas. Não tivera coragem, no entanto, de lhe dedicar um cartão. Apressado, chegou à sua casa.

– Carmem.

– Augusto! Não esperava ninguém. Nem mudei a roupa!

– Fique à vontade. Não se preocupe. Não vou demorar.

O mesmo constrangimento. A ausência de naturalidade.

– As flores...

– São para você. Sei que gosta.

Ela vacilou emocionada.

– Ainda consegue me dar flores...

– Tem saído? Voltou à missa? Não se descuide, Carmem!

– Valeria a pena? Chego ao fim.

– Carmem, por favor...

Ela buscou se refazer.

– Mas, entre, vai ficar parado na porta? Vou passar café.

– Não, por favor. Gostaria de conversar. O meu estômago está farto. A alma, sequiosa de entendimento.

– Alma!? Seríamos alma? Venha.

Sentaram-se na sala.

– E o novo médico? Gostando dele?

– Mais ou menos. Estou descrente e contagio as pessoas com o meu desânimo.

Augusto pensou por instantes e, num ímpeto:

– Carmem, poderíamos fazer preces com você todos os dias. Letícia e eu gostaríamos muito.

– Preces? Resolveriam? Você que sabe. Se quiser, venha.

O coração pulou de alegria.

– Aceita, então? Que bom! E poderíamos começar hoje?

– Ontem, hoje e amanhã... Não sei mais o significado do tempo. Sinto-me vazia, sem objetivo. Perdi a razão de viver.

– Carmem, permita-me ficar ao seu lado, ajudá-la de alguma maneira.

– Ninguém pode, só eu mesma.

– Meu Deus, se você entende isso, por que não agir?

– Não tenho força. Não defino o meu sentimento. Sei que estou desnorteada e triste, sem condições de luta.

– Viremos hoje à noite. Faríamos o culto no lar em nossa casa, mas podemos transferir para cá.

– E Camuca? Dedicada como sempre?

– Sim, Carmem.

– Camuca precisa me perdoar.

– Não existem mágoas naquele coração.

– Antes de morrer, eu gostaria de lhe falar.

– Morrer? Reconsidere, eu lhe peço.

– Não estou preocupada e não tenho medo.

– Carmem, preciso falar com Letícia.

– Use o telefone quanto quiser. E chame Camuca.

Olharam-se longamente.

– Está bem, vou lhe pedir que venha.

No pequeno tempo de espera, Carmem Santoro deixou-o e recolheu alguns pertences no quarto. O toque da campainha trouxe-a de volta à sala.

– Eduardo! Quanta saudade!

– Dona Carmem, prazer em vê-la!

A espontânea alegria que se irradiava do rosto de Carmem Santoro deixara-os surpresos.

– E você, Camuca?

– Estou feliz, obrigada.

***

Sérgio Augusto acolhia-se entre eles, acompanhado por Rosália e os demais amigos. Romão, nas últimas horas, conservava-se silencioso, pensativo, contudo, esforçado na sua luta. Colocaram-se à vontade entre eles. Natalino constrangeu-se ao rever Carmem. Numa súplica silenciosa e profunda, buscou o olhar compreensivo do instrutor espiritual. Discreto, Sérgio Augusto fez-lhe um sinal, aquiescendo ao que pedia. Com vagar, Natalino abraçou-a, chorando silenciosamente. À proximidade, ela respondeu com súbita angústia, mistura indefinida de sentimentos. Augusto percebeu-lhe o mal-estar.

– Carmem, sente-se, por favor.

– É fraqueza. Tenho-me alimentado mal.

– Mamãe, não é apenas fraqueza. A bisa está aqui.

Ajudaram-na a se acomodar na poltrona.

– Vovó Rosália... Mas não é apenas ela, minha filha.

– Como sabe, mamãe?

– Sei e não quero colocar dúvidas ou desconfianças neste momento. Venho aprendendo, talvez muito pouco, mas não sou a mesma.

– Letícia, comecemos o culto, filha.

Augusto estava um tanto aflito.

– Papai, convidei o professor Gustavo Lumer e ele vem ao nosso encontro.

– Minha filha, convidá-lo em cima da hora! Não é justo, não temos esse direito!

– Ele gostou muito do convite. Disse que pediria ao doutor Amélio substituí-lo nos trabalhos de hoje.

Augusto não tivera tempo para retrucar, Gustavo chegava.

– Amigos, é um enorme prazer revê-los.

– Professor, esta é mamãe.

Carmem Santoro estremeceu. Intensa emoção tocou-lhe o ser. Sentiu-se feliz e saudosa. Envergonhada e forte.

– Como está? Prazer em conhecê-la.

– Tenho quase certeza de que o conheço, mas de onde, quando, não sei.

– Estamos muito mais unidos do que pensamos, dona Carmem.

Natalino, aquietado ao lado de sua amada, compartilhava das mesmas emoções.

– Vamos começar, professor?

– Eduardo, você está muito bem, meu rapaz.

– O convívio com todos vocês me deixa feliz, agradeço-lhes profundamente.

– Não é apenas este convívio, meu bem. São as descobertas e vivências que a Doutrina Espírita faculta.

– Eu sei, Letícia. Não há como negar, mas gosto demais deste convívio.

– Que a sua dedicação aos rumos da verdade multiplique as horas bem compartilhadas, Eduardo.

– Não me afastarei da oportunidade que vivo, senhor Augusto.

Rosália, com extremo respeito e carinho, colocou-se ao lado da neta. Natalino, pela primeira vez, olhou-a sem vibrações negativas. Carmem abriu o livro. Cresceu, aos seus olhos, a inesquecível lição do Mestre: "Uma só coisa é necessária, que vos ameis uns aos outros, tanto quanto Eu vos amei". Em voz alta, sem querer, ela lera o enunciado.

– Desculpem, li sem querer.

– Dona Carmem, a lição é tão carinhosa e profunda que nos envolve mesmo. Leia o que se segue.

– Não, por favor, estou muito emocionada.

Lélio preocupava-se com as suas próprias observações. Sérgio Augusto tocou-o sutilmente no braço.

– Cuide de seus pensamentos. Julgar é temerário. Há sinceridade, sim, nestas exteriorizações.

Lélio retraiu-se. Exatamente questionava quanto à veracidade de tudo que presenciava. Romão postou-se ao lado dele, temendo repúdio, mas foi bem aceito.

– Parece estão falando demais.

– Como nos diz o instrutor, silenciemos nossas desconfianças. Vamos tentar sintonia com todos.

Lélio não tinha clareza interior. Era capaz de silenciar, os julgamentos que fazia a respeito de um por um, mas a solidariedade estava distante de seu coração.

A prece emocionada de Augusto levara os amigos às lágrimas. Findo o agradecimento, segurou a mão de Carmem, beijando-a carinhosamente.

– Preciso pedir desculpas a Camuca.

– Por favor, dona Carmem! Não faça isso!

– Camuca, preciso lhe entregar este livro. Tirei-o de você, lembra-se?

Camuca ergueu-se, recolhendo o pequeno livro, lembrança de sua mãe.

– Guardou meu livro? Pensei que tivesse jogado fora! Obrigada. – Voltando-se para os amigos. – São contos infantis que relembram histórias de Jesus.

– Ela gostava de ler para Letícia. Eu o escondi. Lamento muito a minha maldade com você.

Augusto tentou evitar a catarse que se iniciava.

– Carmem, por favor, não se fadigue.

– Preciso falar, me deixe falar, Augusto.

Gustavo Lumer, gentilmente, como um amigo muito querido, aproximou-se de Carmem Santoro segurando-lhe a mão. Um tremor dominou-a.

– Fique à vontade. Confie em nós.

– Preciso seguir mais leve. Guardei ressentimentos injustificados. Fui muito rude com quem muito me ajudou. Camuca, eu não sei o que teria feito sem você! Penso que a invejei. Sua compreensão me assustava. A capacidade de servir e transformar conflitos em horas alegres era inconfundível.

As faces de Camuca tremiam de emoção. A voz embargava-se sob lágrimas que lhe aliviavam o ser. Nunca acalentara idéias negativas face às adversidades que Carmem Santoro lhe impunha.

– Não me lembro mais desses dias... A senhora pode contar comigo. Eu peço perdão por falhas que cometi.

Rosália, no incentivo que Sérgio Augusto lhe oferecia, aplicava energias na neta querida.

– Falhas, você, Camuca? Você é nossa amiga. Não pense que o medo me leve a falar dessa maneira. Desde a última vez que a agredi, expulsando-a de casa, senti remorso. E, mesmo sem querer, revivia, constantemente, nossas experiências passadas.

– Uma amiga não conta mágoas, dona Carmem.

– Cuide de Letícia. Cheguei a ter ciúmes do enorme carinho de seus corações. Ela sempre me preteriu.

– Mamãe...

– Não se preocupe, filha. Eu a entendo. Vovó Rosália sempre foi a minha preferida. Por ela, eu abandonaria qualquer coisa.

Gustavo Lumer interveio solícito:

– Por certo, dona Rosália está ao nosso lado e colhe o seu afeto.

– Minhas dúvidas e desconfianças começam a se transformar em sossego. Sei que poderei contar com ela.

– A bisa precisa contar com a senhora também, mamãe.

– Contar comigo!? Mas, como? Para quê? Ela não precisa de mim!

– Mamãe, qualquer bem que anelamos depende de nossos esforços. A bisa precisa de sua receptividade. Da boa vontade que desencadeia recursos. Não somos mais crianças. Ela precisa de nosso próprio empenho para nos orientar.

Carmem Santoro deu um longo suspiro.

– Vocês estão certos. Na juventude, desprezei as orientações que nasciam de seu coração amoroso. Buscarei ser forte.

Lágrimas, que tentara reprimir o mais possível, banhavam o rosto de Natalino. No íntimo, falava com sua amada:

"Carmem, lutaremos juntos. Estou disposto aos esforços mais sinceros para não me prejudicar, infelicitando os que estão à minha volta. Estou aprendendo a buscar Deus. Confie, lutarei por nós. Lélio vai aceitar, como eu, trabalhos muito simples a princípio, mas significativos ao reequilíbrio de que necessitamos. Sei que tudo vai dar certo."

Percebendo-lhe a mensagem, mesmo sem entender razões, Carmem Santoro falou, meio para si mesma:

– Sei que vai dar tudo certo, temos amigos.

Os companheiros permaneceram ainda um bom tempo sob a conversação edificante, inundando de alegrias os seus corações.

10 Enlevo

CAPÍTULO

A cidade salpicava-se de multitons. Um cântico natalino aconchegava corações. Famílias conduziam-se, mãos dadas e faces risonhas, sob planos para um tempo novo, alegrando os últimos dias de mais um ano que se findava.

Eduardo deixava-se embalar pelos aromas doces que se espalhavam na tarde cálida. Relembrava a infância, os encontros em família, as brincadeiras e orações. Inesquecíveis os avós, que preparavam guloseimas e acolhiam as crianças com as mais diversas surpresas. Mergulhado nas suas recordações, nem percebera a chegada de Letícia.

– Pensando em quem?

– Letícia!? Perdão, não a vi chegar.

– Papai foi buscar dona Romana. Vai nos encontrar na casa do professor Gustavo.

– Trouxe os livros?

– Não poderia esquecê-los, Eduardo.

– Estarei enganado ou há mesmo uma sombra de melancolia nos seus olhos?

– Penso em mamãe e sinto saudades.

– É natural, Letícia. Não sei se reagiria com equilíbrio ao desencarne de minha mãe. Vejo-a forte, meu bem.

– Não a sinto afastada para sempre. A Vida é esperança na operosidade que revela. Lutarei quanto puder para ficar próxima aos que amo. Sei que não podemos acalentar anelos sem as lutas que conferem direitos.

Eduardo abraçou-a meigamente.

– Amo-a, minha princesa.

– Mas você não vai me trancafiar em um palácio?

– Não sei, princesa. Se a sua beleza começar a atrair excessivos admiradores, serei forçado a conservá-la reclusa.

– Tolinho...

– Com licença! Atrapalhar arrulhos não é o de que mais gosto.

– Maurício! Você nunca atrapalha!

– Cessem o romantismo e vamos fazer algo melhor.

– Essa me parece a fala de um futuro solteirão, que pensa em se dedicar inteiramente ao trabalho de Engenharia na Terra e no Céu.

– E o levarei comigo, Eduardo.

– Mas serei um responsável chefe de família. Terei uma prole enorme...

– Não acredite em tudo o que ele fala, Maurício.

– Uma grande prole me parece uma excelente idéia! Cuidarei tão bem desses sobrinhos que difícil será largarem o titio.

– E titio olhará os sobrinhos para que mamãe e papai possam sair vez ou outra...

– Com certeza, Letícia!

– Mas não coloque fogo na casa, senhor engenheiro!

Caminharam para o carro felizes em meio às brincadeiras-verdades que os envolviam naquele momento. Maurício observava a naturalidade de Letícia com o seu eleito. Todo o esforço daqueles meses, seguido pelas incursões que fizeram, Camuca e ela, conferia-lhe segurança. Maurício sentiu-se em paz pelo amor que os tornava belos e fortes.

..*

Gustavo Lumer e Frances davam retoques nas flores recém-colhidas de seus jardins.

– Existiria uma maneira mais delicada de celebrarmos o Natal?

– Mas nem chegou esse dia!

– Ao meu coração, este encontro é Natal. Nossos cultos, há longos anos cultivados, são verdadeiros banquetes espirituais.

– Como negar?

O sinete acusava a chegada de alguém. Juntos, abriram a porta.

– Professor Gustavo, obrigado por nos convidar! Estamos felizes!

– Como está, Maurício? Entre, Letícia. E você, meu jovem? Recebi as suas saudações de Natal.

– Uma carta não é capaz de conter ou expressar o nosso reconhecimento e alegria. Letícia tem-se sentido muito bem.

– É verdade, professor.

– Pretendem ficar parados aí?

– Senhora Frances, estava muito saudoso!

– Gustavo me falou de seus últimos empreendimentos, não se preocupe. Como vai, Letícia? Eduardo, é um prazer abraçá-lo.

Acomodaram-se sob animada conversa. Vaz Serra e Ísis achegaram-se a eles conduzindo algumas iguarias para o lanche. Secundaram-nos Augusto e as amigas Romana e Camuca.

– E Mariana? Será que ocorreu algum impedimento?

– Ela confirmou sua presença. Algum imprevisto no trânsito. Sei que virá.

– Dona Romana, é uma enorme alegria revê-la.

– Obrigada, Maurício. A oportunidade deste encontro é preciosa. Agradeço a Deus por compartilhar com vocês.

Mariana chegava com algumas flores para os anfitriões. Constrangeu-se ao ver Eduardo ao lado de Letícia, mas procurou refazer-se. Gustavo Lumer procurou ajudá-la.

– Fique à vontade, Mariana.

Frances abraçou-a percebendo-lhe o embaraço.

– E os preparativos para as férias?

– Nem comecei. Não me acostumei, ainda, com a ausência das aulas.

– Geralmente, absorvemos demais nossas responsabilidades, Mariana.

Um halo de suave compreensão se espargia no ambiente. Reunidos e harmonizados. Tão-só Mariana se mostrava um tanto retraída. Romana e Ísis viviam a emoção de um conhecimento muito antigo. Letícia sentiu-se impressionada e feliz.

– Olhando-as, eu diria que se conhecem há um longo tempo. Parecem irmãs.

Romana expressou-se com a sua natural elegância:

– Carinho e respeito inundaram o meu ser ao abraçá-la. Por quê duvidar de um conhecimento anterior? Somos espíritos em uma longa caminhada evolutiva.

– Concordo plenamente com Romana. O afeto é recíproco. Muito agradeço ao Pai Eterno pela bênção do reencontro. Um amigo é sempre proteção às nossas vidas.

Camuca admirava-as sob um enternecimento muito grande.

– Venha, Camuca. Você é parte de nossa felicidade.

– Obrigada, amiga.

– É bom viver nesse encanto que a amizade traz.

Mariana percebeu lágrimas em seu coração. A jovem Letícia parecia renascida da primavera. Leve, ares de segurança e alegria a brilharem nas faces. Agradeceu a hora que anunciava o início do culto. Ansiava refugiar-se no silêncio.

Música bem escolhida conduziu suavidades aos amigos. Ao longe, como a acordar emoções fortes, um sino saudava a hora do Angelus. Sentaram-se comovidos. Silenciosos por lembranças íntimas, insubstituíveis. E, antes de qualquer iniciativa dos amigos que dirigiam a reunião, Mariana começou a chorar baixinho sob murmúrios que, pouco a pouco, se transformaram em lamentos dolorosos. Frances, ao seu lado, segurou-lhe a mão no intento de protegê-la. Gustavo Lumer ergueu-se, colocando-se às suas costas. Energizou-a com suavidade. Nenhuma pressa ou precipitação que pudessem interferir negativamente no movimento regressivo que se iniciava. Deixou-a chorar para alívio de seu coração. O grupo conservava-se em prece. Emergindo das lágrimas, um tanto vagarosa, Mariana começou um balbucio, a princípio ininteligível, mas, na seqüência dos trabalhos, bem específico e claro:

– Não aceito qualquer sugestão a respeito do meu relacionamento com Vítor! Amo-o, além de tudo, e lutarei contra minha própria família para ficar com ele! Sei que a sociedade não entende nossa intimidade e nos condena à separação.

– Estaria você diante de levianas incompreensões ou ponderadas razões levam família e sociedade a reflexões justas? São livres?

– Livres? – Parou por alguns segundos. – O que é liberdade? Vítor é casado, mas é como se não o fosse.

– Poderíamos saber o porquê?

– Sua mulher o rejeita e, ao mesmo tempo, afirma amá-lo. Vítor sofreu muito nos dias iniciais de sua vida em comum com Ângela. Cansou-se na espera. Eu não o aceitei de imediato, mas, no tempo, entregamo-nos um ao outro.

Eduardo sentia estranho calor invadindo-lhe as faces. Relembrou as longas insistências de Mariana, o encontro no parque da Universidade e não teve dúvidas. Vítor era ele em algum tempo no passado. Por diversas vezes, pensara consigo mesmo sobre a naturalidade que vivera naquela despedida. Vaz Serra tocou-lhe os ombros, percebendo as lágrimas que começavam a banhar o seu rosto.

Gustavo Lumer desenvolvia todo o critério para não induzi-la a essa ou àquela emoção. A busca de naturalidade era-lhe primordial.

– E Ângela?

– Descobriu nossos encontros e surpreendeu-nos, aceitando com enorme tolerância o que fazíamos. Afirmou, a alguns amigos, compreender as necessidades de afeto que Vítor revelava. Fiz tudo por ele. Aliás, fiz mais do que permitiam as regras do bom-senso.

– As famílias tentaram ponderar?

– Sofri grandes incompreensões.

– E compreendeu pouco?

– Compreender... – Ela mais pensava para si mesma. Mergulhava em lembranças e intensificava a emoção. – Minha mãe foi excessivamente austera comigo. Quase impôs uma escolha entre Vítor e a nossa família.

– A escolha final baseou-se em critérios e bom-senso?

– Não parei um minuto para pensar. A ninguém concedi o direito de colocar-me opções. Vítor sempre foi a única e incomparável escolha.

– Afastou-se dos familiares?

– Para sempre! E guardei mágoas!

– Mágoas!?

– Se Ângela era uma mulher psiquicamente frágil e não correspondia às suas obrigações perante o marido, impedimentos eram inexistentes. Melhor que ficasse com uma só mulher a se atirar nos braços de muitas!

– A comunhão no casamento estende-se além do plano físico. É interação em vários sentidos.

– Mas o prazer físico é indispensável! Sem essa troca, para que o casamento? Basta ser amigo!

– Aprendizagem a dois, filhos, lutas... Na oportunidade de interagir, intimamente, com o outro, existem possibilidades ilimitadas de transformações. Unir-se, aceitar os deveres e reconhecer direitos é inigualável. Não somos corpos transitórios. Não estamos colocados para uma existência, tão-só.

– Eu de nada sabia. Queria, a qualquer preço, o meu prazer. Não recuei. A sociedade, com as suas críticas e perseguições, não me assustou. Por ele, enfrentei tudo. Faria novamente...

Num momento, cessaram as palavras. Lentamente, sob o apoio dos amigos, ela foi voltando à emoção que o encontro assinalava.

Mariana retornou à realidade daquele momento. Sentiu-se, profundamente envergonhada. Num ímpeto desesperador, abraçou-se a Gustavo Lumer.

– Professor, quantas loucuras... E, por Eduardo, faria as mesmas coisas! Agora entendo a ausência da família, as enormes dificuldades econômicas, a solidão... Desrespeitei famílias. Abandonei os meus pais e desafiei uma época. Como remir tudo isso? – Olhou atemorizada para Letícia. Rosália, ao lado da bisneta querida, aquecia-lhe o coração. O semblante de nossa jovem estava calmo. Mariana, faces banhadas pelo choro sincero, extravasou suas angústias.

– Perdão, Letícia! Ousei demais, dominada por um egoísmo atroz. Eduardo a ama, não tenho a menor dúvida, creia, não mais farei isso com vocês.

– Acalme-se, Mariana. Estou aprendendo sinceramente com os estudos e reflexões que a Doutrina Espírita permite. Não quero julgá-la. No seu lugar, talvez eu fizesse igual ou pior.

Sob um longo suspiro, Eduardo se colocou franco e amoroso:

– Viver bem é não lamentar o que fizemos. É não ansiar o futuro e assumir o presente. Letícia, elevaremos esforços por uma união harmoniosa e sei que o conseguiremos. Mariana, conte com a minha amizade.

– Não estou temerosa, meu bem. Você esteve próximo a Mariana nesses últimos anos e soube respeitá-la.

Mariana a interrompeu:

– E não foi por minha vontade que Eduardo ficou distante. Eu o quis intensamente. Mas agradeço pelo respeito que me foi oferecido. Partirei para outras terras. Preciso ficar um pouco afastada.

Maurício, que a olhava cheio de ternura, interveio:

– Seria tão bom se ficasse...

Frances observava-os.

– Maurício, esse carinho não correspondido tem sérias razões no passado.

– Eu sei. Não existe acaso, estou aprendendo com os novos estudos. Eu poderei, um dia, conhecer essas razões?

– Se for útil...

– Maurício, tenho-o como um grande amigo. Por agora, aceite minha amizade.

– Apesar de algumas carências, estou bem, Mariana. Não se preocupe! Ao lado dos amigos, será mais leve a luta.

– Cultivando a fé e o amor, nada lhe será impossível, meu rapaz.

– Correto, professor Gustavo. Obrigado por suas orientações.

– Contem com o nosso afeto! Frances e eu estaremos sempre ao lado de vocês.

– Afinal, os filhos chegaram!

Frances expandia a grande alegria que a presença dos jovens fazia nascer no seu ser.

Um riso manso marcava-lhes os corações. Letícia ergueu-se, pegou um dos livros que levara e entregou a Mariana "O livro dos Espíritos". Na primeira página, uma dedicatória simples e verdadeira, que ela fizera antes da reunião:

"Mariana, sei que o tempo registrou nossas vivências. Soprando pelo mundo afora, trará as verdades que nos forem úteis. Confie nos seus dons, desenvolva-os. Eduardo e eu gostaríamos de cultivar bons sentimentos neste reencontro. Pense que estaremos à sua retaguarda, orando por seu bem-estar. Que esta existência seja, por todos nós, muito bem vivida, tenha um excelente prosseguimento no Ano Novo. Que, nos dias vindouros, essa sua maneira sincera e forte de lutar cresça ainda mais.

Cordialmente,

Letícia
e
Eduardo."

DE ONEIDA TERRA

UM SÓ CORAÇÃO

pelo espírito SAHIJA

O livro mostra que ninguém é julgado ou sentenciado pelas ações, apenas chamados para refletir ante suas inconsequências. É a busca por tornar os costumes menos rudes e disciplinar as paixões, vencendo os antagonismos e estabelecendo a paz. No livro, Iron se nega a fazer uma denúncia de um crime, sofrendo abalos psicológicos, por não tomar a atitude desejada do espírito desencarnado.

DE FRANCISCO DO ESPÍRITO SANTO NETO

UM MODO DE ENTENDER - UMA NOVA FORMA DE VIVER

pelo espírito HAMMED

O principal objetivo desta obra é levar a todos um modo de pensar meditativo a respeito dos ensinamentos de Jesus de Nazaré. É abrir todas as janelas da casa mental para que possamos ver claro o oriente e o ocidente, o nascer e o pôr-do-sol, enfim para que possamos enxergar as diversas partes daquilo que se pensa ou se concebe, e o jeito como elas se apresentam. Ofertamos aos leitores ***um modo de entender*** que pode levá-los a ***uma nova forma de viver***, se buscarem na própria intimidade o Reino dos Céus ou o Refúgio Sagrado, utilizando como tocha a luz multidisciplinar da ciência, da filosofia e da religião.

CONVIVER E MELHORAR

pelos espíritos LOURDES CATHERINE e BATUÍRA

Os autores pretendem nos auxiliar a ter um bom relacionamento com nós mesmos, para que possamos lidar melhor com as personalidades difíceis que encontramos em nossa esfera familiar, no ambiente profissional e social. Ajudam-nos na arte do relacionamento interpessoal, facilitando e aperfeiçoando nossa convivência.

Renovando Atitudes

pelo espírito Hammed

Hammed, neste livro, diz que só podemos nos transformar até onde conseguimos nos perceber. Ensina-nos como ampliar a consciência para que possamos enxergar as verdadeiras intenções que motivaram nossos atos e atitudes e, por conseqüência, melhoraram nosso procedimento em relação à vida. Obra baseada em *O Evangelho Segundo o Espiritismo.*

Coleção Fonte de Inspiração

pelo espírito Hammed

A Coleção Fonte de Inspiração reúne os livros *Sol do Amanhecer, Espelho d'Água* e *Além do Horizonte* em um só pacote. São as mais luminosas citações do espírito Hammed psicografadas pelo médium Francisco do Espírito Santo Neto, reunidas em pequenos livros de cabeceira. Trata-se de uma coleção de pensamentos que servem como verdadeiras lições de meditação sobre o nosso comportamento e nossas posturas diante da vida.

Os Prazeres da Alma

pelo espírito Hammed

Esta obra, a exemplo do livro *As Dores da Alma*, é objeto de estudo do comportamento e dos potenciais humanos baseado em *O Livro dos Espíritos.* O benfeitor Hammed denomina *Os Prazeres da Alma,* sentimentos como a sabedoria, alegria, afetividade, coragem, autoconhecimento, lucidez, compreensão, amor, desapego, compaixão, perdão e outros tantos. Hammed busca no trecho do Novo Testamento (Marcos 12:37) "E a multidão O escutava com prazer!" a inspiração para o título deste livro.

As Dores da Alma

pelo espírito Hammed

Nesta obra Hammed faz uma análise dos "sete pecados capitais" e, ao mesmo tempo, um estudo sobre a depressão, o medo, a culpa, a mágoa, a rigidez, a repressão – o que ele denomina as "dores da alma". Constrói pontes entre os métodos da sociologia, da psicologia, da pedagogia e de diversas questões de *O Livro dos Espíritos.* Uma excelente reflexão sobre o comportamento humano.

De Allan Kardec

O Livro dos Médiuns

Tradução Salvador Gentille

Obra básica para todos os estudiosos e praticantes da mediunidade. Fundamentado no ensino dos Espíritos, revelado através de comunicações, entrevistas e em sua experiência pessoal, Allan Kardec apresenta esclarecimentos e diretrizes seguras sobre todas as questões referentes ao intercâmbio entre os mundos Físico e Espiritual.

O Livro dos Espíritos

Tradução Salvador Gentille

Essa obra tida como básica no ensinamento do Espiritismo aborda temas como vida e morte, sofrimento e alegria, o amor e o ódio, nos dando uma idéia clara e principalmente lógica da sabedoria e justiça de Deus.

O Evangelho Segundo o Espiritismo

Tradução Salvador Gentille

Baseia-se em instruções de espíritos superiores, onde Kardec explica as máximas morais de Jesus, convidando o leitor a vivenciá-las no dia-a-dia. A sua introdução define o objetivo dessa obra: abordar exclusivamente o ensinamento moral do Evangelho, pois esse código divino "é, acima de tudo, o caminho infalível da felicidade esperada". Possui um índice analítico por assuntos no final do livro, que facilita a sua consulta.

De Ana Cristina Vargas

O Bispo

pelo espírito José Antônio

Um romance inesquecível onde o cenário é a Itália do século XVII. Período em que paixões proibidas, intrigas religiosas, crimes, poder, ambição, rígidos conceitos geraram conflitos humanos que só o amor é capaz de curar. Essa obra nos mostra que muitos dos nossos problemas têm suas raízes na falta de nos amarmos e nos aceitarmos plenamente, livres de culpa, dispostos a cooperar com a evolução e aceitando novas oportunidades.

O Herdeiro - Série "Os Quatro Cantos do Mundo"

pelo espírito José Antônio

Quando da Terra o homem apenas conhecia a Europa, a África e a Ásia, o velho mundo encheu-se de lendas. Naufrágios, tragédias e muita especulação sobre uma terra nova e muito rica em prata e ouro embalavam o sonho de homens aventureiros, sedentos de fortuna. Era o Eldorado – glória, liberdade e riqueza além dos mares conhecidos – que enchia a mente e despertava a cobiça de espanhóis e portugueses. Nas primeiras décadas de 1500, essa realidade ainda se mantinha e é em meio a ela que surgem grandes heranças, cavaleiros medievais, ordens religiosas e um jovem herdeiro disposto a bem viver envolvendo-se nas aventuras do mundo exterior.

Escravo da Ilusão

pelo espírito José Antônio

Escravo é todo aquele que de alguma forma abdica de sua liberdade de agir, abandonando seus ideais e renegando sua individualidade, para se adaptar ao conjunto de regras externas. Essa obra propõe uma viagem ao reino da escravidão buscando encontrar caminhos de liberdade. É valiosa oportunidade para extrairmos lições de viver e conviver em sociedade e também para encontrarmos a autoliberdade.

Dramas da Paixão

pelo espírito José Antônio

Muito precisamos meditar sobre as mágoas afetivas que causamos aos nossos semelhantes quando, egoisticamente, envolvemo-nos com outra pessoa sem que nessa relação entrem afetos verdadeiros. Essa obra vem nos mostrar que sábias são as leis que regem a vida e que quando não escolhemos amar só nos restam como alternativas existências de dor, solidão, desalento e angústia.

De Célia Xavier Camargo

Céu Azul

pelo espírito César Augusto Melero

O livro mostra a situação de jovens desencarnados com narrativas emocionantes, consoladoras e instrutivas, posicionando a morte como inexistente e trazendo informações sobre o Mundo Espiritual. O jovem César, agora desencarnado, fala de suas experiências e de seus novos amigos na Espiritualidade.